잡초는 뽑히지 않는다

잡초는 뽑히지 않는다

이동민 수필집

수필과비평사

책머리에

11권 째 수필집입니다.

책을 내려면 글을 다듬고, 다듬어서 자신의 혼을 쏟아부어야 한다고 말하는 사람이 있습니다.

나는 그처럼 거창한 생각을 하면서 글을 쓰지 않았습니다. 나는 생각이 떠오르면 일상의 한 자락을 소재로 하여 그냥 내 나름으로 글을 썼습니다.

처음에 수필집을 낼 때는(1994) 많은 사람이 내 글을 읽어주고 공감해주기를 바랐습니다. 사실은 기대하듯이 그렇지 않았습니다. 그래서 생각을 바꾸었습니다. 그때가 6권 내지 7권 때 쯤이라고 생각이 됩니다.

남을 의식하지 않고 글을 쓰자. 나를 독자로 하여 글을 쓰자. 그렇게 생각하니 글쓰기가 훨씬 더 자유로웠습니다. 새로운 수필집을 낼 때마다 나름대로 실험적인 글을 쓴다면서 시도를 해보았습니다.

이번에는 수필의 관습에서 벗어나는 긴 수필을 써보기로 하였습니다. 약간은 이야기 형식을 가미하면서도, 그렇다고 소설은 아닌 방법으로 수필을 써보았습니다.

책의 출간에 아이들이 도움을 주었습니다.

이동민

이동민의 책

1. 떠내려 간 고향	1994	수필집
2. 지금, 우리가 사는 세상은	1996	수필집
3. 우리 시대 이야기	1999	수필집
4. 우리 아이는 잘 자라고 있는가?	2000	육아책
5. 감각의 제국, 그 벽속에	2003	수필집
6. 팔공산(1)	2004	문화답사기
7. 뭐하는 짓이고?	2006	수필집
8. 수필, 누구를 쓸까.	2008	수필교재
9. 문학치료와 수필	2009	교양서
10. 수필, 어떻게 쓸까	2010	수필교재
11. 수필쓰기 방법론, 넷	2010	수필교재
12. 한국 근, 현대 서예사	2011	미술사
13. 조선 후기 회화사	2011	미술사
14. 잘 사는게 뭐지?	2012	수필집
15. 백수가 쓴 일기	2012	일기
16. 도원에 부는 바람	2013	소설
17. 우리 집안 이야기	2014	우리집 역사
18. 어머니의 눈물	2014	수필선집
19. 중국 고대 미술사	2014	미술사
20. 어머니, 그리고 여신 신화	2016	교양서
21. 팔공산(2)-개정판	2016	문화답사기

22. 영감탱이로 살다	2018	수필집
23. 대구의 수필가(1)	2018	수필평론
24. (새로운 수필쓰기) 시도	2019	수필론
25. 조선을 그리다	2021	소설
26. 우린 친구가 맞지	2021	수필집
27. 노인으로 살아가기	2022	교양서
28. 노년의 일상	2023	수필집
29. 준하야, 아이는 배우면서 자란다.	2023	교양서
30. 나 글을 내가 읽다.(대구 수필가 2)	2024	수필평론
31. 절집을 찾다(1)	2024	문화답사기
32. 절집을 찾다(2)	2024	문화답사기

차례

2부

3부

4부

1부

산소 / 840번 버스 / '야, 임마' / 산 너머에는/ 고갯길

경주 남산의 와불을 뵈오려 / 운부난야 이야기 / 나의 꼰대 탄생기

산소

20년 쯤 전이었으리라.

화원에 있는 경주 이씨 종중 묘역을 찾아갔다. 그곳에는 상화 시인의 무덤을 비롯하여, 내가 알고 있는 쟁쟁한 분의 묘소들이 한 곳에 모여 있었다. 상화시인을 만나러 간 것이 아니고 묘역을 보려고 갔다.

그때는 이상하게도 내 주변에는 묘소 만드는 것을 나쁘게 말하는 사람이 많았다. 죽음은 그 사람의 모든 것을 싸들고 가버리는데, 이 세상에다 흔적을 남겨두는 것은 이치에 어긋난다는 것이다. 화장한 재를 산속에 뿌리니, 바다에 뿌리니 하는 말을 많이 했다. 그런 주장에는 우리가 학교에 다니면서 영혼이란 것은 없다. 지금까지 영혼을 합리적으로 증명해내지 못하였으니, 죽음 뒤에 어쩌구저쩌구 하는 것은 모두 헛소리라는 것이다. 이유를 하나 더 든다면 자식들에게 무덤 관리라는 짐을 떠안겨서는 안 된다는 현실적인 걱정도 있었다.

맞는 말이긴 한데, 나로서는 선뜻 받아들여지지 않았다. 그때 마침 상화 시인이 묻혀있는 묘역의 이야기를 들었다. 거기에 간 이유라면 내 무덤을 남기는 길을 찾을까 해서였다. 내 생각으로는 내가 들은 이런저런 말들은 모두 핑계이고, 세상살이가 바빠지는데, 묘역관리가 힘들면 어느 후손이 들보는가. 내가 돌보지 않는 묘의 주인이 되어서 보기 흉한 모습으로 남느니, 아예 그럴 소지를 없애는 것이 좋다는 것이 이유가 아닐까.

그렇다면 답은 묘역관리가 힘들지 않도록 묘소를 만드는 방법을 찾으면 안될까.

이곳은 작은 봉분의 산소가 서로 가깝게 다닥다닥 모여 있었다. 무덤 앞에 묘주를 소개하는 아주 작은 상석만 있었고, 별다른 표지석도 없었다. 저쪽 구석 자리의 산소 앞에 크다란 돌비석 하나가 서 있었다. 그 한 기의 비석이 눈에 매우 거슬렸다. 고요를 깨는 소음처럼 보였다.

어쨌거나 나는 이곳을 다녀가서, 형님들과 의논하여 우리 형제들이 갈 묘역을 만들기로 했다. 분봉은 아예 만들지 않고, 자그만 돌비석만 세운다. 비석 아래에 화장을 한 부부의 유골함만 묻으므로 이씨의 종중 산소보다 더 간략하게 하기로 했다. 비석을 다닥다닥 세우면 차지하는 공간은 아주 좁다. 후손들의 묘역 관리가 훨씬 수월하리라.

몇 년 전에 고향 산골에 작은 땅을 구하여 묘역을 그렇게 만들어 두었다. 아직은 그곳에서 쉬는 분은 아무도 없다. 나는 내가 영원히 머물 곳을 확인하려 한 번씩 찾아간다.

대구문협에서, 이번 답사지를 경주 이씨 종중 묘역으로 정했다며 연락했다. 나는 옛날 생각을 하면서 기꺼이 참여했다. 상화 시인의 가계는 대구에서 어느 가문도 따를 수 없을 만큼 번창한 명문가이다, 문중을 자랑하는 기념관도 문중에서 지었다며 자랑했다. 그집 집안의 어른 분이 나와서 기념관에 전시되어 있는 선대이며, 자료들을 소개해주었다. 한미한 가문에서 태어난 나로서는 부러울 따름이다. 산소가 있는 곳으로 안내하였다.

문중 사람이 모여서 회의도 하고, 잔치도 하고, 제사 준비도 하는 집도-. 제실이다. 그러나 제사를 올리는 집이 아니다. 제실을 둘러싼 나무는 녹음이 짙어 한국화의 한 폭 마냥 한가롭다. 집 앞을 지나면 제사를 올리는 집이 나온다. 위패가 없으니 사당은 아니고, 뭐라고 하는지를 모르겠다. 그 뒤의 언덕빼기에 묘소들이 정연하게 줄지어 있다. 숲으로 둘러싸여 있어 도심인데도 시골의 한 자락처럼 느껴진다. 예전에 이곳을 찾았을 때의 느낌이었다.

'이게 아닌데.'

묘소를 바라 본 내 느낌이다. 작은 분봉이 줄 지어 있는 것은 그대로인데, 여기저기에 우뚝우뚝 솟아있는 비석들이 부조화를 이루었기 때문이다. 이 가문이 엄청난 부를 쌓았는데도 비석이 없는 작은 산소를 만든 것이 바로 자랑이었다. 그래서 예전에 내가 찾았다, 오늘도 우리가 답사를 온 것이 아닌가. 그런데 지금의 모습은 묘역 여기저기에 솟아 있는 비석들로 하여, 조화를 잃어버렸다. 조화를 잃으면 추해진다. 선대의 뜻을 읽을 줄 모르는 후손이 겉만 번지르하게 비석을 세운 것일까. 후손은 겉과 달리 안속은 초라해진 자신이 부끄러워서일까.

더욱 눈길을 끈 것은 묘열의 맨 아래 쪽에는 어릴 때 우리집의 마당에 놓여 있던 평상보다도 더 큰 돌판이다. 제사를 올릴 때에 제수를 올리는 제사상의 모습이다. 답사를 온 일행은 모두가 그렇게 알았다.

"아, 예. 이건 제상이 아니고, 이것도 무덤입니다. 제사는 아래의 집에서……."

우리가 제상이라고 의견을 모았는데 안내하는 문중 분의 말이다.

"절목에 작은 분봉의 무덤으로 모시기로 하셨다면서요."

"예 맞습니다. 그래도 후손이 와서 꿈 이야기까지 하면서 이렇게 하겠다고 떼를 쓰니, 어떻게 합니까."

돋보이려 만든 무덤이지만, 선대의 뜻을 읽지 못한 모양이 흉하기만 하다. 겉은 화려한데 속은 텅텅비어 있음이 선히 보인다.

나는 일찍부터 나의 산소를 남길 생각을 하고 있었다. 이처럼 추하지는 말아야할 텐데.

840번 버스

우리집 창 너머로는 줄지어 서 있는 아파트들이 몇겹으로 겹쳐있다. 아파트의 지붕 너머 멀리에는 옅은 색의 비슬산 자락이 희미하다. 오후 해도 서쪽으로 한껏 기울어지니 희미해진 산들이 더 정겹고, 아파트 거실은 오히려 낯설게 느껴진다.

아내더러 말했다.

“우리 840번 버스를 타고, 한바퀴 돌아볼까.”

“갑자기 840번 버스는 왜? 집에 박혀 있으니 지루하구나. 바람을 쏘일려고 그래.”

“840번은 경산을 지나 하양까지 간다잖아. 달리는 길이 온통 들판이니. 시골의 맛을 즐길 수 있을 거야.”

840번은 담티 고개를 넘었다. 담티 고개까지의 길가는 빌딩 숲이다. 형제봉 넘어에는 얼마 전까지도 너른 들판이 펼쳐지면서 시골맛을 풍겼다. 몇 년 전에 야생화를 가꾼다는 분의 집을 방문했다. 마당에는 야생화들이 멋대로 자라서 온실 속의 꽃들과는 분위기가 달랐다. 그러더니 집들이 야금야금 들녘을 갉아먹더니 지금은 시골맛까지 마셔 버렸다. 괴물같은 야구장까지 들어서서 시골의 모습을 머얼리 쫓아 버렸다.

야구장을 비켜서 얕은 언덕배기를 넘어가면 고산골이고, 매호동이고, 시지동이다. 시골 마을이 아니고 아파트 촌의 이름이다. 대구에서 경산으로 가려면 이 길을 달린다. 그리고는 시골의 정취에 흠뻑 젖곤 했다. 지금은 아니다. 대도시의 모습 그대로이다. 여러해 전에 정월 초하룻날에 해맞이를 하려 고산골의 산등성이에 올랐다. 산 아래로는 어둠에서 벗어나는 들녘이, 아득히 반야월과 청천의 집들이 코딱지처럼 보인다. 안개를 피어올리는 금호강이 흐르고, 시야의 끝은 안개에 묻혀 하늘로 사라졌다. 지금은 아파트 숲이다. 푸른 녹음이 눈을 시원하게 해주는 대신에 아파트에서 반사되는 햇볕이 톡톡 튀어오른다. 우리집 아파트에서 바라본 풍광 그대로이다.

버스는 경산시내로 들어가서 한 바퀴 도는가 보다. 경산시의 옛길이 나온다. 좁은 길의 가에는 낡아보이는 점포들이 줄지어 있다. 나는 이런 거리를 만나면 묘하게도 향수에 젖는다. 지금이야 점포의 유리문 위에 날렵한 글씨가 쓰여있는 산뜻한 모습이다. 그래도 나는 덜컹거리던 나무 밀창문을 힘주어 열고 점포로 들어섰던 유년의 어느 날이 그리움이 되어서 떠오른다.

경산시내를 한 바퀴 돌고 나서는 다시 시골학교 운동장만큼이나 너른 길로 나왔다. 조금만 더 가면 영남대학교 정문 앞이다. 영남대 앞을 지날 때면 아내도, 나도 이야기거리가 많다. 묵묵히 창 밖을 바라보던 아내가 입을 연다. 아내는 30년 쯤 전에 박물관 대학을 다녔던 이야기를 한다. 30년 전인데도 어제의 일처럼 기억속에 생생한 모습으로 남아 있나 보다.

"저기 저 건물이 박물관이잖아. 관장이시던 ***교수님은 여전히……."

"무슨 소리 하노, 그 교수님이 정년퇴임 하신 지가 언젠데. 아직까지 살아계시는지도 모르는 일인데."

"세월이 그렇게나 흘렀나. 그렇기도 하겠다."

나도 생업에서 은퇴하고, 영남대 대학원에서 미술사를 공부하였다. 벌써 15년 쯤 전이니, 아내는 30년 전의 일을, 나는 15년 전의 일을 말하고 있다. 둘의 이야기는 15년의 시간이 틈을 만든다. 과거 속으로 뭉뚱거려버리니, 시간의 틈이 느껴지지 않는다. 그냥 그때 속에서 녹아들어가 '지난날로' 하나의 모습이 되어 버린다. 지난 날을 이야기 하면 모두가 내 어린 날의 모습처럼 되어서 정겹게 나타난다.

영남대를 지나니, 길가에 집들은 여전히 줄지어 있지만, 층수가 낮아지고, 형상이 초라하다. 그리고는 벼논 대신에 과일 나무가 들어서 있고, 비닐 하우스에서 반사되는 햇빛이 눈부시다. 그리고는 굴뚝이 하늘로 솟아 있는 작은 공장들이 일요일 오후에 기지개를 켜면서 하품하는 모습이다. 푸른 들녘이 가물가물 멀어지던 어린 날의 정경은 아니다. 아니 아예 없다.

거리가 다시 말쑥해지더니, 길의 한쪽은 나무 숲과 잔디가 부잣집 정원처럼 다듬어져 있어 깨끗하고 조용하다. 아내가 한 번 찾아온 일이 있다면서 대구 대학교라고 알려 준다. 나는 처음 길이다. '여기가 대구대학이구나.' 버스 창 밖의 대학모습에 눈을 떼지 않았다. 처음은 언제나 신선하게 느껴오고, 흥미를 돋운다.

버스는 대학의 정문까지 갔다가 돌아선다. 버스의 앞 창문에는 저 건너에서 아파트가 무리지어 나타났다. 하양이란다. 840번의 버스를 탈 때, 종착지로 하양을 정해 두었다. 버스는 종착지로 향해서 여전히 부릉거리면서 달린다

금호강을 건널 때 바라본 물줄기가 비로소 옛 모습을 일깨워준다. 비단처럼 펼쳐있는 물길은 포근해보이고, 물가에는 물풀들이 빈틈없이 자라서 시골 정취를 마음껏 풀어낸다..

하양은 이제 지방의 작은 읍내 고을이 아니다. 우리가 버스에서 내린 시가지는 대구나 같다. 가로등에 불빛이 비치기 시작하고, 점포 안도 밝은 조명등이 환해진다.

"여기서 저녁을 먹고 가자."

두리번거리면서 식당을 찾았다

시골길을 달리고 싶은 욕망은 그냥 욕망이었다. 욕망은 이 세상에 있지 않는 것을 바라는 것이라서 절대 이루어지지 않는다지 않는가. 840번 버스는 시골이 아닌 도회지로만 돌아다니는 대구의 시내버스이다. 840번 버스를 타고, 시골의 냄새를 맡으려 한 것이 우리 부부의 헛된 욕망이었다. 한 여름 날의 지루했던 오후에 꾸었던 꿈이었다.

'야, 임마'

시골의 우리집 흙담을 끼고 구불구불한 골목길이 길게 뻗어있다. 골목 안에 나 또래 친구가 네 명이었다. 언제부터인지는 모르지만, 초등학교에 들어가기 훨씬 이전부터 어울려 놀았으리라. 밥숟가락을 놓기 바쁘게 달려가서 골목 안의 친구집 사립문에 붙어서서 친구의 이름을 부른다. 그러면 득달같이 뛰어 나왔다.

골목을 벗어나면 철에 맞춰 들녘에 가득했던 보리가, 벼가 바람따라 파도소리를 내면서 일렁거렸다. 들 가운데로 냇물이 흐르고, 그 냇가를 지나면 뒷산이다. 낮으막한 산이라서 우리는 뒷동산이라고 불렀다. 개울도, 뒷동산도 우리들의 놀이터였다. 잠시도 떨어져서는 안 된다는 듯이 바싹 붙어 다니기도 하였고, 틀어지면 삐쳐서 말을 않기도 하고, 툭탁툭탁 거친 말을 주고 받기도 하였다. 그러나 내 기억에 주먹질하고 싸운 일은 떠오르지 않는다. 기분이 틀어졌을 때는 '야, 임마'라고 하기도 하였으나. 이 정도 언사쯤은 친구끼리라면 얼마든지 주고 받을 수 있다고 생각했다. 대답도 걸작이다. '와, 임마.'는 토라져서 대꾸를 한 것이지만, 왜 불렀느냐 는 정도의 말뜻이다. '야, 임마'보다 더 거친 말을 주고 받은 기억은 거의 없다.

초등학교를 졸업하고, 골목 안의 친구들도 뿔뿔이 흩어졌다. 중학교에 진학하지 못한 친구가 있었기 때문이다. 진학한 중학교도 다르다 보니, 학교 가는 길에 만나면 인사를 나누지만, '야 임마'라고 말할 기회는 거의 없었다.

한 녀석은 초등학교를 졸업하자 바로 골목을 떠났다. 도회지에 있는 누나집에 갔다고 하여 그런 줄만 알았다. 나중에야 알았지만 공장인지, 가게인지는 생각나지 않지만, 하여간에 돈을 벌러 우리 곁을 떠나갔다고 했다.

내가 대학을 진학하였을 때, 골목 안 친구들은 아무도 대학에 가지 않았다. 나는 학교 때문에 시골 마을을 떠나왔고, 친구들의 소식도 끊겼다. 소문으로 한 친구만이 그 골목 안의 시골집에 남아서 농사를 지으며 산다고 하였다. 내가 대학을 졸업하였을 즈음에는 고향 집에 계시던 어머니마저 형님 댁으로 거처를 옮기고는 더더욱 시골 마을, 아니 어릴 적 친구들과는 멀어졌다.

나는 더러 지난 날이 떠오른다. 하루도 얼굴을 보지 않는다는 것은 살아있음의 의미마저 없다는 듯이 중요 하였는데, 그 얼굴들이 가물가물하도록 세월이 흘렀지만 그 친구들 없이도 또 이렇게 아무런 탈없이 삶을 잘도 꾸려가고 있다. 마음 속에 머무는 그 시골의 골목길은 밀물을 타고 실려 왔다가 현실의 내 삶과 마주하면 아무런 자취도 남기지 않고 다시 썰물처럼 떠나가 버린다.

어느 해의 추석 때였던가. 선산에 들르려면 나의 어릴적 시골마을을 지나쳐 갔다. 성묘를 마치고 돌아오는 길에 나의 고향 마을에 닿았다. 어떻게 변하였나 싶어서 내가 뛰놀았던 골목 안을 어슬렁거리며 들어갔다. 골목 안의 한 친구는 지금도 농사를 지으며 살고 있다고 들었기 때문이다. 이제는 대문 앞에서 **야, 라고는 불러지지 않았다. 그냥 대문 안으로 들어섰더니, 마당에서 내 나이 쯤의 남자가 힐끗 뒤돌아 본다. 그 친구였다. 잠시 놀란 얼굴을 짓더니, '야 임마, 이거 얼마 만이고.' 라며, 와락 안았다. 그리고 손을 잡아끌고 마루에 앉혔다. 부인인 듯한 여인이 부엌에서 나오자, '야 봐라, 이 친구하고는 어릴 때 매일매일 붙어 살 듯이 했데이.' 하였다.

'야, 임마.'

그는 자기가 한 말에 조금도 개의치 않았고, 나도 그 말이 전혀 껄끄럽지 않았다. 어릴 때 우리는 그렇게 부르면서 어울리지 않았던가.

따라주는 맥주 한 잔을 들이켜고, 사립문을 나섰다. 그리고 다시 수십 년의 세월은 흐르는 냇물처럼 그때의 흔적마저 흐릿하게 지웠다. 그 친구의 모습도 하늘 뒤로 깊숙이 가라앉아 버리고 진한 푸른 색만 하늘을 뒤덮고 있다. 아무런 형상도 보이지 않는 허공만 멍히 바라본다. 친구의 얼굴이 잦아든 하늘에는 구름만 유유이 흘러갈 뿐이었다.

내가 시골마을을 떠나와서 도시 생활에 젖어가면서 많은 사람을 만났고, 사귀었다. 서로 가깝다면서 친구라고도 하였다. 어쩌면 많은 이해들이 얽혀 있어서, 나에게 도움을 주는 사람이라고 믿었다. 자주 만나 밥도 먹고……, 그렇더래도 '야, 임마'라는 말은 절대로 하지 않는다. 더러 술자리도 만들었지만, 사용하는 언어들은 조심스러웠고, 정화되어 있었다. 그렇게 살아가느라, '야, 임마'라는 말은 어느 덧 잊고 살았다. 서로의 마음이 상할까 봐서 상대를 배려하여 말까지도 조심하면서 만나는데도, 모임에 다녀와도 허한 마음은 왜 메워지지 않을까.

시골 학교의 동기들이 만나는 모임에서였다. 교장 선생님이었던 친구가 '야, 임마들, 너거는……' 말이 거칠었다. 옆의 친구가 '교장이 그런 말을 하면 아이들이 뭘 배워' 하니까

"그럼 이런 말은 여기서 해야지, 교장이 학교에서 야, 임마라고 할까."

우리는 웃었다. 저쪽 구석에서는 '맞다, 맞다'라는 말도 들린다. 그 친구가 말한 '야, 임마'가 가슴에 남아서 도회지 생활로 허해진 마음을 메워주었다. 그 친구도 고인이 되었으니, 이 이야기도 오래 전에 있었던 일이었나 보다.

얼마 전이었다. 고향 친구들의 모임에 한 친구가 큰 목소리로 이야기를 쏟아냈다. '야, 암마, 시끄럽다.' 내가 한 말이다. 그 친구는 얼굴색이 변하더니, '뭐라고, 임마-!' 나도 무심코 한 말이라서 왜 그렇게 말했는지 모르겠다. 수십 년 동안 입에 담아보지 않았던 말이 왜 불쑥 튀어나왔을까. 고향 친구라는 마약에 도취되었나 보다. 좌석의 친구들이, '우리가 어릴 때는 그렇게 불렀잖아.'라고 하니까. 그 친구도 얼굴을 금방 펴고, '머리가 허연 우리가, 어디 어린애야.'라고 했다.

도시에 나와서 살고 있는 우리가 정작 잃어버린 것은 무엇일까. '야, 임마.' 속에 담겨있는 안개처럼 흐릿해진 그림자가 아닐까.

산 너머에는

내가 자랐던 시골 마을은 사방이 푸른 벼와 보리가 넘실거리는 너른 들녘이었다. 서쪽으로는 깊숙한 골짜기가 들판의 한쪽 자락을 데리고 산의 골짜기 안을 들어가버린다. 골짜기 안은 안개에 묻힌 듯 가물가물해진다. 동쪽은 골짜기도 없는 높은 산등성이가 가로지르면서 시야를 막아버린다. 동쪽은 산등성이로 가로막힌 탓에 서쪽과 다르게 나에게 산너머의 미지의 세계를 상상하게 하곤 했다. 산 너머는 어떤 세상일까. 아침에 해도 동쪽의 산등성이를 넘어서 찾아온나. 그렇너래도 우리 동네가 동쪽의 산과는 멀리 떨어져 있다 보니 나는 한 번도 올라보지 않아서 유년의 기억에 새겨져 있는 그림은 거의 없다. 산너머는 어떤 곳일까, 라며 궁금해서 더러는 상상력이 날개를 달고 날아오르곤 했지만 지금의 내 기억 창고에 보관되어 있는 것은 없다.

어머니는 나를 앉혀놓고, 얼굴도 모르는 웃대 할아버지의 이야기며, 어릴 때 돌아가신 아버지 얘기도, 그리고 시집살이 때의 이야기를 곧잘 했다. 내가 막내 아들인 탓에, 형님들이 모두 떠난 집에서 어머니는 나를 말 상대라기보다는 외로움을 달래려 가슴 속의 이야기를 쏟아냈을 것이다. 어머니는 처녀적 이야기도 간간이 했다.

"저 산 너머 동네에서 살았어. 따뜻한 봄날에 동무와 나물을 캐러 산에 갔더라. 산 꼭대기까지 올라 갔어. 산너머가 늘 궁금했는데, 눈앞이 활짝 펼쳐지더라. 지금도 생각나는 것은 저 멀리 골짜기가 있고, 골짜기 안으로 가물가물 사라지는 풍경이 안개속처럼 흐려져서 보이지 않더라. 나는 골짜기가 흐릿하게 사라지는 것이 신기하더라."

동쪽의 산등성이에 올라 지금의 우리 가족이 살고 있었던 시골마을을 바라보았을 때의 이야기를 하였다. 더 이상의 말은 하지 않았지만 흐릿하게 사라지는 골짜기 너머로 또 다른 세계를 아름답게 그리지는 않았을까.

그리고는 목소리가 갑자기 낮아지면서, '그 동무는 OOO로 시집갔다고 들었는데. 지금은 어디서 사는지 몰라.'라고 했다.

울 엄마는 언제나 '동무'라고 했다. 친구가 익숙한 내 귀에는 낯설었다. 그런 만큼 어머니의 이야기는 낯설면서도 나에게는 지난 시대 유행가 가사의 나물 캐는 처녀만큼이나 정겹게 들리면서 옛 정취 속으로 빨려들어가게 했다. 동쪽 산 너머에는 어머니가 동무와 더불어 처녀시절을 보낸 곳이라니 가보고도 싶었지만, 일부러 찾아간 일이 없었으니 노년이 되도록 여전히 미지의 땅이었다.

나의 시야를 가로막고 있었고, 또 어머니의 시야를 가로막았던 산마루는 같은 산마루이면서도 어머니와 나 사이에 동무와 친구

만큼의 미묘한 차이를 만들어냈다. 어머니는 산 너머의 세상을 두고 아름다운 세계를 꿈꾸었다면 나는 살아오면서 삶에 지쳐 꿈을 아예 잃어버리고 그냥 내 곁을 지나치는 산으로만 바라보지 않았을까.

어머니로부터 '동무와 OOO'라는 이야기를 들은 지 수십 년이 지나서야 나는 동쪽의 산마루 너머로 가볼 기회가 있었다. 나에게 산 너머 세상은 어머니를 통하여 동무와 함께 나물을 캐러 산에 오르는 동화의 세계로만 남아 있었다. 사실 그건 나의 세계가 아닌 어머니의 세계였지만 이제는 나의 꿈 속으로 들어와 있었다. 노년을 바라보는 우리 남매들이 경주에서 만나서 동학의 성지를 다녀오자고 했다. 최재우가 살았던 곳이라면 최씨 성인 어머니가 쳐녀 때를 보낸 곳이리라. 누나와 형님은 무슨 생각을 하는지는 모르지만, 나는 그런 생각을 하고 있었다.

경주에서 영천으로 가는 길이 고개를 넘어서고, 다시 긴 골짜기가 펼쳐져 있는 산골의 외진 곳을 지나친다. 길의 주변에는 동학 성지가 있다. 차에서 내려서니 바로 눈앞에 산마루가 가로 막는다. 하아, 저 산이 내가 늘상 산너머는 어떤 곳일까를 생각하며 바라보았던 산이구나. 여기가 바로 나에게는 신비롭게 다가왔던 동쪽 산너머의 미지의 땅이구나라는 생각을 하였다. 형님이 느닷없이 '여기는 엄마가 처녀 시절을 보낸 곳이야.'라고 했다. 형님도 어머니로부터 처녀적에 동무와 함께 나물을 캐러 산에 올랐던 이야기를 들었을까. 어머니를 통해서 동화의 세계를 느끼곤 하였지만 나의 동화는 세월에 씻기어서 바래져 버려 어느덧 동화를 잊고 살아왔다.

세월은 내 유년의 동화를 지우개로 닦아냈고, 지워진 그 자리에 나는 어떤 이야기도 채워넣지 못하였다. 지금 내 눈 앞에 펼쳐진 골짜기의 모습은 나에게 상상의 세계를 다시 불러왔다. 어머니가 말한 땅은 아니다. 알록달록한 지붕으로 하여 훨씬 더 멋져 보이는 저 마을이 나더러 새로운 이야기를 쓰게 한다. 무슨 이야기가 될까.

산의 능선을 바라보았다. 서쪽으로 기운 해가 그림자를 드리운다. 산 그림자는 세월의 벽이 되어서 나의 시야를 가린다. 산 아래의 빨간 지붕의 집들이 스멀스멀 허물어지더니 초갓집이 자리한다. 낮은 토담도 있고, 반쯤 열린 사립문도 보인다. 나는 어머니가 바라보았던 산마루가 아니고, 장막처럼 드리워진 세월을 헤치면서, 세월 뒤의 옛날을 바라보았다. 그랬더니 학교를 다닐 때 대구로 가는 기차를 타러 역으로 가는 나를 바라보려 마을 어귀에 오래토록 서있던 어머니가 보인다, 몇 번이나 뒤돌아서서 손을 흔들던 나도 보인다. 그리고는 어머니도 나도 어딘가를 멍히 바라보는 또 다른 모습도 보인다. 아마도 산 너머이고, 산 너머에는 틀림없이 백마를 탄 나의 모습이 있었으리라.

내 시야를 가로막던 산, 옛날에는 어머니의 시야를 가로막았던 산, 그 산의 이쪽, 저쪽에서 아마도 서로 다른 환상의 세계를 꿈꾸었을 것이다. 동무와 나물을 캐러다녔던 어머니의 환상과 친구와 어울려 통학 기차를 타러 달음질 하였던 나의 환상은 산을 벽으로 하여 서로 반대의 땅이었지만, 꿈이 이루어지기를 바라는 소망은 같았다. 같은 꿈이다. 그러고 보니 어머니와 나는 반대 편에서가 아니고 서로 손잡고 산너머를 함께 바라보고 있었다는 생각이다.

"예야 뭐하니 빨리 차에 올라라. 어두워지기 전에 돌아가야지."
멍히 서 있는 나를 형님이 재촉하신다.

고갯길

나의 시선이 닿는 저 먼 산자락에 실날처럼 가늘은 길이 산능선을 향해 기어오른다. 나른한 내 눈은 꿈꾸듯 흐려지면서 아지랑이가 되어 일렁이었다, 산길은 봄 햇살에 실려가버린 듯이 낮은 산마루 너머로 모습을 감추었다.

중학교를 다닐 때의 어느 봄날 오후, 수업 시간에 파도처럼 몰려오는 졸음을 떨치려 고개를 들고 교실 창너머로 바라보았다. 대기도 졸음으로 지친 듯 흐느적거리고, 그 속으로 저 멀리 낮으막한 산이 아지랑이에 싸여 흔들거렸다. 민둥산이었던 그 때, 산 자락을 타고 기어오르 던 산길이 산마루 너머로 모습을 감추어 버리던 모습이 유난히도 내 기억에 담겨서 지금까지도 머문다. 나는 사라진 산길에서 미지의 세계를 꿈꾸었었나 보다. 내 상상만이 찾아갈 수 있는 그곳은 소년적의 내 꿈이 만들어 낸 아름다운 세상이었다.

그 길은 황토색을 띄고, 색연필로 그은 듯이 굵어지기도, 가늘어지기도 하면서 보일 듯, 말 듯 하였다. 온통 산이 푸른 녹음으로 뒤덮인 요즘에는 그런 길을 만나기란 불가능에 가깝다. 그때의 내 몽롱해진 눈에는 간절한 소망이 그림자처럼 흐릿하나마 윤곽을 그리고 있었다. 그래서 그 길이 기억 속에서 지워지지 않고 더 생생하게 떠오르는지 모르겠다. 지금의 산야는 온통 푸른색이고, 보일 듯 말 듯한 길도 만날 수 없다. 그런 만큼 교실의 창 너머로 눈길을 주면서 꿈꾸었던 환상의 세계를 더 이상 만날 수 없다.

수십 년이 흘렀다. 화랑에 들렀다가 메마른 봄날의 시골 풍정을 그린 그림을 만났다. 산 둔덕도, 산 둔덕에 누워있는 밭도 온통 황토색이다. 둔덕과 둔덕 사이의 얕은 계곡에는 개울이 흐르고, 개울가에는 아직 봄기운이 찾아오지 않는 듯 누렇게 말라있는 물풀과 잎이 없는 개버들이 줄을 지어 서 있다. 나는 마른 풀의 사이로 보일 듯, 말 듯한 좁은 길을 보았다. 그 길은 개울을 따라 가면서 개버들 가지 뒤로 숨었다, 드러냈다 하면서 느릿느릿 기어가고 있었다. 나는 그 그림 앞에서 걸음을 멈추고 오랫동안 서 있었다.

그 길은 환상을 쫓던 내 어렸던 날을 불러주었다. 그 길은 산 너머로 넘어갔고 내 눈 앞에서 사라져버렸던, 교실의 창 너머로 보았던 길이다. 길이 닿은 곳은 어떤 곳일까. 내 꿈을 마음껏 그려 보았던 환상의 세계를 만들어 주었던 길이다. 동화책에서 읽었던, 나는 백마를 탄 왕자가 되어서 백설공주만큼이나 예쁜 여자애를 만나고 둘이서 만들어 내는 황홀하고도 신나는 세상이었다. 아니면 가난한 시골 아이인 내게는 없는, 많은 돈을 가지고, 나를 도와주는 키다리 아저씨가 있는 세상이기도 하였다. 삐삐거리는 소리와 함께 라디오가 들려주었던 도회지 세상의 낯선 이야기도 있었다. 라디

오가 들려주는 이야기는, 가난한 시골 아이가 도시에 나가 부잣집 딸을 만나 사랑을 나누는 황홀한 이야기이다. 모두가 고개 너머로 사라져서 보이지 않는 길의 어디에서 펼쳐진다.

어른이 되고 나서는 잊어버렸던 길이었고, 잃어버렸던 환상의 세계이다. 어인 일인지 어른이 된 후로는 소년 적에 꿈꾸었던 세계는 유치하여 드러내서 말하기를 부끄러워 했다. 그랬었는데, 그래서 잊고 있었는데, 나는 이원희가 그린 안동의 척박한 농촌 풍경 그림 앞에 서서 엉뚱하게도 부끄럽고 유치하다고 느꼈던 일을 떠올리고 있었다. 이것은 순전히 누렇게 마른 개울가의 풀 뒤에 숨어 보일 듯 말 듯한 길 때문이었다. 그 길은 중학교를 다닐 때 졸음에 겨워서 창 밖을 멍히 바라보았던 풍경 하나를 불러다 주었다. 산마루를 타고 올라와서 능선 너머로 사라져버리는 고갯길이었다. 그림은 나의 몽상까지도 불러냈다.

지금은 산수화를 볼 때면 이상한 버릇이 하나 있다. 길 찾기이다. 신기하게도 산수화에는 길이 있었다. 그림의 앞 부분에 허리 구부정한 사람이 개울의 다리를 건너는 데서 시작한다. 길은 개울을 따라 오르다 숲속으로 들어가서 꼬리까지 감춘다, 산모퉁이를 돌면서 바위 언덕 뒤로 숨어버려 보이지 않는다. 무심히 지나면 이 길이 어디로 가고 있는지를 알지 못한다. 이때부터 길 찾기를 한다. 그러면 어딘가에서 길은 흔적으로나마 흐릿하게 나타났다. 길이 끝나는 곳은 거의가 산속 깊숙한 곳에 있는 산사이거나, 초당이다. 아마도 화가에게는 산사나 초당이 자기의 환상 세계였을 것이다. 나도 길의 끄트머리가 어디에 머무는 지를 확인하고나면 그림 앞을 떠난다.

나는 기차로도, 버스로도, 그리고 승용차로도 내가 중학교를 다녔던 고향 마을을 수도 없이 지나쳤다. 산길을 보았던 얕으막한 산은 여전히 그 자리에 있다. 나는 버릇처럼 그 산 언저리에 눈길을 준다. 좁고 구불거리던 산길이 보일까 하여 찾아 본다. 산은 온통 푸른색으로 뒤덮여서 산능성마저도 청색의 빛에 녹아지고 없는데, 길이 보일 리 없다.

황토빛이던 산길이 보이지 않으니 환상마저도 사라지고, 삶의 고달픔만 푸념한다. 그때는 지금보다 더 힘든 세월이더라도 꿈을 꾸었는데, 꿈이 사라지니, 내가 사는 지금 세상이 더 황량해보인다.

경주 남산의 와불을 뵈오려

경주 남산은 내가 수도 없이 올랐던 산이다. 고등학교 때 옥돌을 줍는다면서 올랐으니, 햇수로 따져서 반세기보다도 훨씬 전부터 올랐던 산이다.

골골마다 신라 시대 유적지가 있으므로 답사팀과도 구석구석을 쑤시며 찾아다녔다. 산이 높지 않아서 아내와 산행삼아서도 자주 올랐었다. 산마루에 오르면 경주 시내가 온전히 눈 안에 들어오고, 서쪽 저 멀리는 흐릿하나마 내가 자란 고향 마을도 보인다.

하 선생이 전화를 했다.

이번에 와불이 계신 곳을 찾아갈 작정인데, 같이 갈 의향이 있느냐고 했다. 30분이면 오를 수 있다는 그의 말이 약간은 거짓이리라 계산하여 한시간으로 잡드라도……, 까짓거 그 정도 쯤이면 오르리라 싶다. 동행하겠다고 약속했다.

늦가을 날씨다. 하늘은 한없이 맑고 공기는 청명하다. 하 선생은 지름길을 두고 일부러 남산 자락을 돌아서 가는 길을 택했다. 남산의 풍광을 즐기려고 그런단다. 삼릉을 지났다. 다음 골이 매월당 김시습 선생이 금오신화를 쓴 절터가 있는 용장사 골짜기이다. 입안에 뱅뱅 돌면서 절 이름이 뱉아지지 않는다. 금오신화보다 이곳의 정경을 쓴 시가 더 좋은데……, 그러자 '용장사 터 입구'라는 안내판이 지나갔다. '그래 맞다. 용장사다.'

차는 이곳도 지나치고, 계속하여 달렸다. 남산이 끝나는 곳에는 울산으로 가는 샛길이 나온다. 이 길을 달리면 박재상 부인이 망부석이 되었다는 치술령을 마주한다. 그러니 산의 틈 사이로 난 골짜기라서 비좁다. 좁은 개울에는 누렇게 말라가는 물풀이 가득하다. 단풍을 달고 있는 나무들도 지나간다. 그러나 아름다운 모습은 아니다. 우리 눈은 인공으로 가꾼 화려한 관광지의 정원수에 익숙해 있다. 자연의 모습 그대로인 골짜기의 모습이 아름답다기보다는 웬지 쓸쓸해 보인다. 그렇다. 가을은 단풍으로 화장한 아름다움보다는 쓸쓸함이 배어있는 이 모습이 제맛이다

잎을 모두 떨궈버린 한겨울의 나목이 아니고, 반쯤만 벗은 체이다. 어느 가지는 앙상하게 드러나서 추워보이고, 다른 가지는 반만 남아 성긴 나뭇잎으로 모습이 엉성하여 남루해 보인다. 이것이 가을의 진면목이다. 시간의 빗자루가 쓸고 간 이곳의 골짜기 정경은 쓸쓸하고, 처량한 기분이 든다. 비록 쓸쓸하긴 하더라도 이곳이 자연의 참모습일진데. 왜 여기는 사람들의 발길이 끊어지고, 인간들이 만들어 놓은 공원에 몰려가서 단풍나무를 곱다고 하는걸까. 자연이 만든 여기가 더 좋고 말고. 나는 큰 깨달음이나 얻은 듯이 마음으로 말했다.

문득 혜능선사의 법어가 생각난다. 혜능이 법성사에서 몸과 마음을 닦을 때였다.

큰 스님이 설법을 할 때 마당의 깃발이 바람에 흔들렸다. 강을 듣던 스님 사이에 바람이 움직이는 것이니, 깃발이 움직이는 것이니 의견이 분분했다. 혜능이 말하기를

"그것은 바람이 움직이는 것도, 깃발이 움직이는 것도 아니다. 오직 인간의 마음이 움직일 뿐이다."

그렇다. 인공으로 꾸만 공원이 더 좋으니, 여기가 자연의 진면목이니 하는 것 모두가 내 마음이 만든 허상이고 환(幻) 이다. 어느 것이 더 좋을 리도 없겠지만, 허상으로 판단하여 더 좋다 한들 무슨 소용이랴. 나는 혜능의 풍번문답(風幡問答)으로 마음을 훌훌 털고 다시 산길을 올랐다. 좁은 산길에 제멋대로 솟아오른 바위들이 울퉁불퉁하고, 나무뿌리도 곳곳에서 튀어나와 좁은 산길을 가로 지르고 있다. 하 선생은 행여 내가 미끄러질가 봐. 신경을 써주기가 이만저만이 아니다. 고마울 따름이다.

저 위쪽의 능선쯤에서 불경소리와 목탁소리가 들린다. 부처님이 엎드려 계신 곳에 닿을 즈음에 종아리 근육이 아리고 당겼다. 생각보다 높은 곳인가 보다. 젊은 스님이 독경을 하고 있었다.

산 아래에서 불두를 발견하여. 부처님의 몸체를 찾아 접합하여 모시고, 남산문화연구팀이 주변을 샅샅이 뒤졌다고 하였다. 그때 여기에 엎드려 계신 부처님을 찾았다고 하였다. 아마도 본래는 이곳 바위벽에 마애불로 모셨으나, 기록에 신라시대 때 큰 지진이 있었다고 하니, 그때 앞으로 넘어지신 것이 아닐까 라고 하였다. 큰

지진이 났다는 기록의 햇수로 따진다면 1400여 년이나 엎드려 계신 것이다.

'엎드리다.'

나는 마음이 울적하면 팔베개를 하고 곧잘 엎드렸다. 그렇게 하면 어쩐 일인지 몸보다 마음이 편하게 느껴졌다. 행여 부처님도 마음이 편하실려고 엎드려 계신 것일까. 세상만사를 깨달으신 분인데, 그건 아니리라고 생각해 본다. 부처님을 일으켜 세우려고 중생들이 많은 힘을 기울이고 있지만 아직은 세상사가 마음에 차지 않으신지 그냥 엎드려 계신다고 스님이 말하였다.

세상 사람 모두가 일어나시기를 염원하지만 꿈쩍도 않으신다고……. 나는 땅바닥에 구부리고 앉아서 틈새로 부처님 얼굴을 들여다 보았다. 미동도 않고, 편안한 얼굴이다. 어디선가 혜능선사의 말씀이 들려온다.

"심과 색을 모두 버리는 것이, 물건을 버리는 것이 깨달음을 얻는 것이니라."

이 말씀은 내가 누워 있든 일어서든 왜들 관심이 많으냐. '네 마음을 네가 다스려야지 왜 나에게 의탁하려느냐.'로 들린다. 나는 바지에 묻은 흙먼지를 툭툭 털고 일어났다. 앞산의 나무들이 가을을 맞이하느라 잎을 떨군다. 마음을 털고 있나 보다. 한줄기 바람이 또 불어오자, 잎들은 더 많이 두두둑 떨어진다.

운부난야 이야기

운부암은 은해사의 암자이다. 운부(雲浮)는 말 그대로 구름이 떠 있다는 뜻이므로, 구름이 머무는 조용한 곳이라는 뜻이기도 하다. 더욱이 이 암자에는 '운부난야'라는 현판이 걸려 있다. 선불교적인 의미로 '난야'는 고요하다는 뜻이라고 하였다

나는 아내와 노후를 보내는 방편으로, 경사가 약한 산길을 걷기 하는 것을 노년의 운동으로는 그만이라고 여긴다. 그래서 절집을 찾아다니는 중이었다. 운부암 가는 길은 가파르지 않다. 이 암자 쯤이야 충분히 다녀오리라 싶었다. 삼월이 끝날 즈음의 봄 날에 아내와 함께 운부암을 찾았다. 진달래가 피어 있었고, 길 아래의 개울에는 돌돌거리는 물소리가 정겨웠다. 암자를 찾아가는 사람도 거의 없었다. 조용하기 짝이 없다.

운부암으로 가고 싶어 한 이유에는 박지원의 손자인 박규수가 쓴 '운부난야'라는 현판도 한 몫을 했다. 아내는 이름난 서예가의 작품이 있다면 찾아가기를 좋아한다. 선불교에서 난야는 아란야(阿蘭若)

의 준말로 고요하다는 뜻이다. 숲이나, 들판, 모래사막 등의 뜻이 있다고 했다. 박규수가 운부암에 들렀을 때는 절의 분위기가 아주 고요하게 느껴졌었나 보다.

편액에는 계해년 한 겨울이라고 적혀 있으니 1863년의 겨울에 들러서 썼다. 1860년(철종11년)에 암자가 화재로 소실하고, 응허와 침운 스님이 재건하였다는 기록으로 보아, 절집을 중건하고 박규수가 현판을 써서 달았는 듯하다. 임술 농민란이 거칠게 몰아치고 지나간 지 일 년 남짓 쯤이니, 아직은 세상 민심이 흉흉 했으리라. 박규수가 이 절에 머문 시기를 따져보면, 그리 조용한 분위기에 젖어 있을 기분은 아닌 듯하다. 그런데도 이 절에서 그런 기분을 즐겼다면……, 서로 대비되는 분위기를 생각하면서 나는 지난날을 불러와서 더듬어 보았다.

내가 구미에서 개원할 때다. 역사책을 읽다가 1862년(임술년) 2월 4일에 진주 단성에서 불이 붙기 시작한 농민의 원성이 삽시간에 경상도 전 지역으로 들불이 되어서 퍼져나갔다는 사실을 알았다. 선산 땅에도 불길이 타올랐다. 나는 구미에서 살면서 선산-구미의 고대 미술 자료에 흥미를 느끼고, 자료를 찾고 있던 중이었다. 향토사 자료를 뒤적이다가 우연히도 1862년 4월 2일에 선산에도 농민항쟁의 불길이 일어났고, 농민란을 주도한 인물이 전범조란 분임을 알았다. 내가 사는 고장의 일이라서, 흥미를 잔뜩 북돋우어 주었다.

나는 역사 자료를 뒤적일수록 전범조란 분의 매력에 빠져들었다. 전범조는 선산의 농민을 이끌면서 선산부를 6월 중순까지 장악하여 실질적으로 선산부를 지배하고 농민을 다스렸다. 경상감영에서 감영의 군사를 동원하여 체포하였다.

농민란을 수습하러 중앙에서 내려온 관리가 전범조의 생김새를 서술한 글을 보자.

'키가 작고, 용모도 보잘 것 없었다. 말도 잘 못하는 듯했다.' 그래서 이참현(중앙에서 내려온 관리)은 그를 촌놈이라면서 깔보았다. '무식한 자이구나. 저런 자가 일을 꾸미다니, 저런 자는 위엄으로 눌러야 한다.' 그러나 전범조는 기 죽지 않고, 당당했다. 농민과 함께 생활하고, 농민의 마음을 훤히 알고, 농민의 손발이 되어서 일했기 때문이다. 말만 번지르르 한 요즘의 정치인이 아니다. 전범조는 말만이 아닌 진실된 마음을 가졌기 때문에 농민이 따랐다. 전범조 밑에 6000명 정도의 농민이 모여들었다고 하니, 농민들의 분노가 얼마나 심하였는지 짐작이 된다. 그때의 농민항쟁이 일어난 이유는 학교 다닐 때 역사 시간에 배워 잘 안다. 그러나 우리가 배운 역사 교과서에서는 '임술 민란'이라 하여 농민폭동으로 표현하였다. 그때의 지도자는 폭도를 이끈 수괴라고 하였다. 주모자인 전범조라는 분은 체포되어 괴수 취급을 받고 대구로 끌려와서 참수당했다. 지금의 현대 백화점 앞의 관덕정으로, 이곳은 그때의 사형장이었다. 최재우도, 많은 천주교 순교자, 그리고 전범조도 여기서 목숨을 잃었다.

이때 선산에서 전범조를 체포하여 처형한 관군은 박규수가 아니다. 체포된 뒤라 하더라도 박규수가 운부암에 머문 것은 임술년에 일어난 민란과 관계있다. 박규수는 경상도 안핵사로 내려왔기 때문이다. 경상도 북부지역이 그의 담당 구역이 되면서 경상감영에 머물렀다는 기록이다. 민심을 추스르면서 해결책을 찾는 것이 그가 할 일이다. 박규수가 운부암에 머물 때는 전범조는 형이 집행된 뒤이지만 흩어진 민심을 어루만지려는 것이 목적이었으리라. 임술 농민란 때, 경상도 지역에서는 팔공산 북쪽 지역이 소요가 제일 심했다. 전범조는 선산지역을 확실하게 장악하고 농민의 지도자가 되어 관부와 맞장을 떴다. 소요가 가장 극심했던 지역의 지도자였고, 박규수는 전범조가 지도자였던 지역의 민심을 어루만지는 일을 했다.

구미에서 개원하던 때라, 전범조는 내가 터잡아 살고 있는 땅의 역사적 인물이 아닌가. 선산군 무을면 출신이고, 그곳에는 지금도 전씨들이 많이 살고 있다. 그의 자료라도 얻을 수 있을까 하여 수소문해 보았지만 아무런 자료도 얻을 수 없었다. 무을에 살고 있는 전씨들 중에 전범조라는 분을 아는 사람은 한 사람도 만날 수 없었다. 고을에서도, 가문에서도 철저하게 지워진 사람이 되어 있었다.

선산의 향토사학사 분이 말해주었다. '후손을 찾는 일은 불가능합니다. 대역 죄인의 후손은 도망가버리고, 자신의 신분을 숨기는 것이 대부분입니다. 그러니 찾을 수가 없지요.' 했다. 구미를 떠난 후에는 전범조의 비석 하나라도 세워드려야 하지 않을까 하였던 내 생각도 시간이 흐르고 구미를 떠나면서 지워졌다.

들불이 지나간 들녁의 뒷자리는 검게 그을려서 보기가 흉하다.

농민의 마음도 숯덩이가 되어 검게 변했다. 그 마음을 씻어주기 위해서라면서 조정에서 박규수를 내려보냈다. 농민의 마음을 씻어주기 위해서 내려왔다는 박규수는 무슨 일을 하였을까. 아내는 운부난야를 올려다 보면서 서예 작품으로 감상하였으나, 나는 전범조라는 분에 호의를 가지고 있었으므로 박규수가 여기서 운부난야를 썼을 때는 어떤 심정이었는지를 짚어보고 싶었다.

그때의 민심은 바짝 말라 있었다. 누군가가 불을 지피면 삽시간에 엄청난 기세로 타오르기 마련이었다. 임술난 때 선산에서도 이서배와 양반가의 집들이 50여 채나 불탔다고 하니, 농민들의 분노가 얼마나 치달아올랐으면, 폭도가 되었을까. 짐작이 간다

이때는 명화적(明火賊)이라 하여 밤에 무리를 지어서 횃불을 들고 나타나서 지주의 집을 불지르는 일이 흔했다. 화적이라면 악당 중의 악당인 줄로만 알았는데, 지주와 권세가들의 등쌀에 억지로 떠밀려서 도적 무리가 된 농민이다. 전범조가 농민을 규합하여 관에 항거하는 동안에 명화적이 된 농민의 무리는 악덕 지주나 이서배의 집을 불살랐으리라. 그러나 전범조는 농민을 이끌고 들불이라는 방법으로 민중의 의사를 통치자에게 전달한 일을 하였다고 하겠다.

농민들의 분노가 뻗쳐서 조정에 닿으면, 조정 관료들이 분노를 삭혀주는 개혁을 해야하는 것이 순리이다. 정부 관료도 보수주의자에서 진보주의자까지, 탐관오리에서 청백리까지 다양하리라. 그들 사이에 치고받는 다툼도 당연히 있었으리라. 그러나 이런 저항을 뚫고, 개혁을 이끌어야 할 인물은 개화파라고 불리는 지식인이

다. 일본도 이 시기에 우리와 마찬가지로 시련을 겪었지만 개화주의자들이 명치유신이란 방법으로 나라를 새롭게 세웠다. 저항 세력이 뻗대자 총칼까지도 빼들었다. 우리도 그때, 최명희가 말했듯이 단순한 들불이 아니고 '혼불'이 타올랐던 것이다. 우리의 개화파 지식인들은 타오르는 혼불을 지켜보면서 무엇을 하고 있었는가.

최근에 나온 많은 책에서 박규수(1807-1877)를 대표적인 개화파 지식인으로 소개하였다. 박지원의 손자이고, 임술년 농민란 때는 농민의 마음을 어루만져주는 경상도 안핵사로 내려와서 불타는 역사의 현장을 똑똑히 목도하였다.

나는 고종과 대원군을 아주 싫어한다. 이 분들이 나라를 말아먹었다고 생각한다. 나라를 혁신해야 할 가장 중요한 시기에 나라의 문을 걸어 잠그고 권력 싸움으로 밤낮을 지새는 바람에 우리나라가 탐욕스런 일본에게 맛 좋은 식사거리가 되었다고 생각하기 때문이다. 우리는 학교에 다닐 때, 대원군을 아주 훌륭한 분으로 배웠다, 세도 정치를 타파하고, 쇄국정책으로 나라를 외국의 침략으로부터 지킨 아주 훌륭한 분이라는 것이다. 아무리 생각해도 아닌데 말이다. 나라는 안중에도 없이 권력다툼으로 밤낮을 지샌 분인데도 말이다.

이런 저질 권력중독자를 막아야 할 사람이 바로 개화파이어야 했다.

학교에 다닐 때 배운 것 중에는 이런 것도 있었다. 조선 말에 나라가 망할 때, 개화파와 수구파로 나뉘어서 이전투구로 싸웠다. 학교에서 배운 역사에서는 개화파는 좋은 정치꾼이고, 수구파는 나라를 망치게 한 나쁜 사람이라고 배웠다. 박규수는 당연히 개화파로 분류하였다. 개화파의 시조라면서 최고의 찬사를 보냈다. 좋은 분이어야 하는데. 나는 왠지 그런 생각이 들지 않는다.

임술 농민란의 현장에서 나라의 사정을 직접 경험했고, 지위도 높은 자리에 있으면서, 그분은 무슨 일을 하였는가. 나라를 망하게 하는데는 개화나 수구나 같았다는 생각이다. 역사에서 사람으로 '나쁨'과 '좋음'으로 편 가르는 일은 역사를 잘못 가르치는 것이라고 생각한다. 사람이 아닌 행적으로 나누어야 한다.

박규수만 하더라도 개화파든 아니든 민란으로 들끓던 시대의 지도자였다. 일본이 명치 유신을 하던 시기의 우리 지도자들은 무엇을 하였을까. 운부암에서 운부난야 라는 글씨나 쓰면서 고요를 즐겼다고 생각하니 안타까운 마음이다. 나는 절집을 찾는 목적을 내 마음 다스리기로 잡아놓고, 쓸데없는 망상으로 마음에 흙탕물만 일으킨다.

박규수가 쓴 현판이 걸려있는 운부암의 요사체 앞에 서서 우리 부부는 '운부난야'라는 글씨를 올려다 보았다. 아내는 필획이 어떠니, 삐침이 어떠니 하면서 서체의 예술성을 열심히 설명해주었다. 나는 박규수와 전범조라는 분이 서로를 어떻게 바라보았을까. 그 때, 서로가 손을 잡았드라면 어떠하였을까, 라면서 다른 생각을 하고 있었다.

암자의 마당을 어슬렁거리던 할머니 한 분이 다가와서, '무엇이 있는데요?'라며 말을 건넸다. 아내가 현판을 올려다 보면서 나더러 열심히 설명하고 있는 모습이, 구경거리라도 있는 줄 알았는가 보다. 아내는 손으로 현판을 가르키면서 '운부난야'라고 나직히 말했다. '예 -?' 할머니는 못 알아들었다는 표정이다. 아내는 다시 '운부난야'라고 말했다. '예-?' 할머니가 다시 못 알아들은 얼굴을 하자, 아내는 목소리를 크게 하여 '운. 부. 난. 야.'라고 또박또박 말했다. 할머니는 아내가 말을 끝내지도 않았는데, 돌아서서 저쪽으로 걸어가 버렸다.

나는 그 모습을 지켜보면서, 할머니가 바로 전범조와 함께 온 선산 농민이라는 생각이 들었다. 우리 부부는 박규수처럼 머릿속에 먹물이 들었다고 민초들의 삶과는 다르게 사는 척, 운부암에 올라서 서예 글씨를 감상하는 척, 멋을 내지 않았을까. 아하, 우리가 자세를 낮추어서 할머니가 이해하도록 설명해 주었어야 하는 건데, 목소리를 높였으니, 할머니에게는 우리가 다른 세상에 사는 사람으로 비췄겠구나.

나는 저만치서 '운부난야' 따위는 아랑곳없이 느릿느릿 걸어가는 할머니를 물끄러미 바라보았다.

나의 꼰대 탄생기

예전에는 대구문협의 집행부에서 일을 하였고, 대구의 이곳저곳 문학 단체에도 이름을 올려 두었다. 어쩐 일인지, 요즘은 내가 참여하고 있는 문학 모임은 일일문학회가 유일하다. 대구문협에서 하는 일이 없다 보니 나도 회원이란 사실을 까먹고 있었네. 아직은 회비를 꼬박꼬박 내고 있으니, 대구문협 회원도 맞네.

나를 찾는 이도 없고, 또 찾아갈 일도 없으니 문단에서 어떤 바람이 부는지, 미풍조차도 느끼지 못하면서 조용히 살고 있다.

일일문학회의 우리 회원 한 분이 바람을 일으켰다. 그 회원이 왜 분노하였는지의 속셈까지야 알 수 없지만, 대구 문학상이 바람의 진원지인 듯이 느껴졌다. 이번 문학상 수상자 선정에 불만이 있었나 보다. 문학상이란 것이 수학 시험지의 답안처럼 정, 오답이 명명백백하지 않다 보니 작품을 두고 따질 수는 없으니, 절차상의 적법성을 들고 나왔다. 바람은 점점 거세어지더니, 태풍이 되었다. 바람을 잠재우러 다시 총회를 한다면서, 잘 알고 지내는 지인이 꼭 참석해달라는 부탁을 해왔다. 지인과의 연분으로 정말 오랜만에 문협 행사에 참석하였다. 맨 뒷 자리에 앉아서 총회의 분위기를 바라만 보았다. 문학상 수상이 바람의 진원지인데, 마이크를 잡고 소리를 지르는 사람들은 수상이 적법한 절차를 거치지 않았다는 적법성만 따졌다. 하기야 문학성에는 정답이 없으니 따질 수가 없지 않을까. 앞에 앉은 사람들은 모두가 나보다 젊어 보였다. 아하, 나도 나이가 들었구나. 이래서 뒷자리에 앉아 있구나 라고 생각했다. 주고받는 공방들은 귀에 들어오지 않았다. 저들도 나처럼 곧 나이가 들면 이런 다툼이 부질없다고 느낄텐데, 라는 생각만 하였다.

대구 문협에서 주는 문학상이 여럿이다. 나는 문학상에 대해서는 일찍부터 부정적인 시각을 가졌으므로, 누가 상을 탔는지에 관심이 없다. 그래선지 역대 수상자가 누구인지를 거의 기억하지 못한다.

10여 년 전에 대구문협에서 주는 '작가상'이라는 것을 받은 일이 있다. 나의 문학활동에는 별로 관심을 보이지 않는 아내인데, 그날은 좋은 날이라면서 수상식에 따라나섰다. 그런데 내가 관여하고 있던 문학모임의 집행부는 꼬빼기도 비치지 않았고, 회원의 얼굴도 보기 어려웠다. 아내가 '당신 이렇게 살았어' 라고 생각하리라 싶어 부끄러웠다. 이런 모습을 아내에게 보여준 것이 제일 아팠다. 내가 정말 잘못 살았나? 내가 상을 받을 잽이가 되지도 못하면서……, 아니꼽다는 거겠지. 그때의 서글펐던 생각이 지금도 나를 아프게 한다. 문학상을 받는다고 하여, 좋은 작품을 쓰는 작가로 인정해주는 것도 아니구나 라고 느꼈다. 이후로는 나는 경력을 쓸 일이 있으면 문학상 수상을 일체 올리지 않는다. 십수 년 이상을 문학상과는 인연을 끊었다고 생각하면서 살다 보니 이제는 누가 수상자이든지 편안한 마음으로 그들을 본다.

그때부터 나는 문학이라는 이름이 붙는 행사에도 거의 나가지 않는다. 그렇다고 문학과 담을 쌓고 사는 것은 아니다. 내가 주관하여 여러 해 동안 문학 세미나도 하였고, 수필이론 공부 모임도 운영하였다. 어쨌거나 나는 노후 생활을 즐기는 데는 공부모임의 운영이 딱이다 싶어서, 지금은 공부모임 하나에만 신경을 쏟는다.

아내도 자기의 작업실을 가지고 수십 년 동안 작품제작 활동을 한다. 같이 공부를 하겠다는 많은 사람이 찾아 와 여기서 함께 작업하였으나, 그들 모두 이제는 나이가 들어서 작품 활동이 부담스럽다면서 떠났다고 한다. 지금 나는 아내의 작업실을 공부방으로 빌려서 사용한다. 아내와 마주 앉아서 나의 공부방을 찾는 사람이 줄어들지 말아야 할텐데, 이게 우리의 노후생활인데, 라면서 걱정한다. 공부방 운영에 나이가 자꾸 걸림돌이 되는 듯하여서이다. 공부방 운영이 노후를 보내는 나의 유일한 즐거움인데 참여하는 사람이 줄어드니, 이 마저 끝이 나면……, 하는 불안 때문이다.

문학상 때문에 시끌시끌한 총회 분위기를 경험하고 나서 집으로 돌아온 나는 문협 카페에 글을 하나 올렸다. 올리지 말아야 하는 것인데, 이 글이 사달을 일으켰다.

문협이 주는 문학상을 없애버리면 이처럼 고함소리가 난무하는 일이 없을 텐데, 상을 없애버리자는 글을 올렸다. 문학상이 문단에 폭풍을 불게하고, 글쓰는 사람을 양쪽으로 갈라쳐서 패거리를 만든다. 이럴 바에야 없애는 것이 좋겠다는, 그냥 내 의견이다 싶어서 올린 글이었다.

내 글에 어느 젊은 시인이 답글을 올렸다. 자기는 문학상을 받았다면서, 문학상 수상자는 그만큼 작품이 문학성이 있기 때문이고, 글 쓰는 능력도 뛰어나기 때문에 준다는 취지의 글이었다. 그렇기 때문에 상을 받은 자신은 능력 있는 작가라는 것이었다. 아마도 당신은 나이를 많다는 것 하나로, 나처럼 능력 있는 작가를 폄하하는 발언을 하는데, 그게 바로 꼰대라는 것이다. 이유야 어떠하였던 간에 나는 내가 쓴 글이 나를 꼰대로 태어나게 하였구나 라고 생각하였다.

나는 그 시인이 문학상을 받았는지, 아닌지도 모르고 있었는데, 더더군다나 내가 기억하는 그의 작품은 한 편도 없는데, 어떻게 그 시인의 작품 능력을 내가 낮추어서 말했다고 하는지……, 그가 내린 결론은 실력도 없으면서, 나이 먹은 것 하나 가지고 꼰대질 하지 말라는 투였다. 어법은 비꼬는 투였다. 어쨌거나 다음 날에는 나를 꼰대로 탄생시켜준 그 글이 역할을 다했다고 생각했는지 스스로 내려버렸다. 자기 글에 책임을 져야 하고, 그러려면, 한 번 올린 글은 절대로 내리지 말아야 한다는 것이 나의 생각이다.

나는 그에 의해 꼰대로 태어났으니, 꼰대라고 하자. 내가 카페에 글을 올릴 때는 남이 좋다고 생각하든, 나쁘다고 생각하든 절대로 내리지 않는다. 내가 글을 올릴 때는 그만큼 자기글에 책임을 져야 한다는 것이 꼰대인 내가, 꼰대로 태어나기 이전부터 믿고 있는 신념이기 때문이다. 울분에 찬 그의 글을 읽고도 내 글을 내리지 않았다. 이 글뿐 아니고 예전에 이중인격자라는 말을 들은 글조차도 내리지 않았다. 많은 사람이 나를 이중인격자라고 생각하면 글을 내리든, 않든 간에 나는 이중 인격자가 맞다. 그렇더래도 자기가 쓴 글은 자기가 책임을 져야 한다는 것이 나의 생각이다. 이미 꼰대로 탄생하였으니 이 글도 꼰대짓이 되겠지.

2부

니는 머 할라꼬 여기 있노
(너는 뭐 하려고 여기 있느냐)

거실 탁자에 둔 스마트 폰에서 '카톡, 카톡'하는 소리가 시도 때도 없이 고요를 흔든다. 뻔한 내용이다 싶어서 흘려보낸다.

은퇴 생활을 한 지도 15년쯤 되어가니 할 일이 없으면서도 컴 앞에 죽치고 앉아서 시간이나 죽인다. 시간 죽이기도 싫증나면 그때서야 폰을 열어본다. 노인에게 좋은 말들이라며 폭포처럼 쏟아진다.

'빈 몸으로 갈텐데 욕심을 버려라.' '건강이 최고다.' '억지로 이기려 하지 말고 한 발 물러서라.' '자녀에게 의존하지 말자.' 아, 참 아내가 늘상하는 말도 있다. '당신 요즘 말이 많아졌데이. 아는 척 하지 말그레이.'이다. 하나 같이 내가 지키지 못하는 말들이라서 나에게 회의를 느끼게 해준다. 때문에 언젠가부터 내게 화두가 되어 있는 이 말을 꺼내서 생각해본다.

"니 머 할라꼬 여기 있노."

얼마 전에 중3인 손자가 편지를 보냈다.

"제가 한 달 전에 친한 친구와 말다툼을 하고, 지금까지 말도 하지 않고 지냅니다. 나는 그 친구와는 앞으로도 친구로 만나고 싶은데. 내가 먼저 말을 걸려니 자존심이 허락하지 않아서……" 할아버지의 지혜를 구한다나. 손자에게 멋 있는 말을 한다면서 '나이가 들면 그만큼 지혜가 쌓이니, 아버지의 말을 잘 새겨 들어라'고 한 말이 부메랑이 되어서 무거운 숙제를 짊어지고 와서 나에게 떠안긴다. 지혜로운 방법으로, 어떤 말을 해주어야 할지 난감했다.

내가 학교에 다닐 때 자주 듣는 말이 있었다. 내가 먼저 양보하면 평화가 온다나. 그러면 손자더러 '너가 먼저 전화해서 미안하다.라는 말을 하라'고 해야 한다. 손자에게 이 말을 하려니 내키지 않는다. 나는 내가 항상 양보하면서 살았다고 생각한다. 이 말이야말로 내가 신주단지처럼 모시면서 지켜온 인생살이의 길잡이였는데, 나는 왜 주저할까.

전화가 왔다. 어제 선생님 병원에서 예방주사를 엉덩이에 맞았는데, 걷지를 못합니다. '지금 대학병원에 가고 있습니다.' 가슴이 철렁했다. 입원이 필요하면 입원을 시키세요. 엉덩이에 놓는 예방주사에서 나타나는 가장 흔한 부작용이다. 대부분이 일시적인 신경마비 현상이지만, 대학병원에 가는 길이라니, 덜컥 겁이 났다. 다음 날까지 연락이 오지 않았다.

이튿날, 아이의 아버지가 아이를 데리고 찾아왔다. 아이는 대기실을 이리저리 뛰어다녔다. 마음이 놓이면서 긴장이 풀어져 후유

하고 안도의 숨을 내쉬었다. 환아의 아버지는 대학병원을 다녀오면서 든 비용이 *만 원인데, 달라고 했다. 내 생각에 얼토당토 않는 요구였다. 흔히 올 수 있는 부작용이고, 아무런 탈도 없는데 돈을 요구하다니. 가슴 속은 부글거렸지만, 나는 빠르게 계산하였다. 얼마 되지도 않는 돈인데, 주어버리면 마음 편히 끝나버린다. 세상을 쉽게 살아가는 방법이 아닌가. 그래 내가 양보하자. 이것이 지금까지 살아온 내 삶의 방식이다.

나중에 소아과 선생님들의 모임 자리에서 내가 경험하였듯이 예방주사를 맞고 간 아이가 찾아와서 돈을 요구하더라며, 그 선생님은 목소리를 높이면서 화를 풀어내었다. 자기는 아이의 보호자와 대판으로 싸웠다며, 돈이야 몇 푼 되지 않았지만, 자존심이 상해서 도저히 물러설 수 없었다고 했다. 나는 그 선생님이 옳다고 생각하였으므로 내가 경험하였던 일을 입밖에 꺼내지 않았다. 편하게 살려고 자존심을 굽혔다는 것이 심히 부끄러웠다. 이 경험만이 아니다. 내 삶 속에는 이런 일들이 숱하게 많았다. 비록 하루하루가 편하였을지라도 자존심이 뭉개지는 댓가를 치렀다. 편한 삶을 선택하다보니 나는 인생살이에서 소극적이 되었다.

돌아보면, 어릴 때 다른 아이와 싸운 일은 거의 없었다. 옆집의 도동 할매가 내 머리를 쓰다듬으면서 '우리 **는 양반이데,'라는 말을 자주 하였다. 나를 즐겁게 해주었을까. 아닌 듯하다. 학교에서 덩치가 큰 아이가 집적거리면 나는 뒷걸음질 했다. 그날 밤에는 나는 그때 유행하던 태권도 유단자가 되어서 나를 괴롭히던 친구를 박살을 내버리는 상상을 한다. 그때도 이불킥이나 하면서 나는 자존심을 지키려 코피가 터지기보다는 편한 길을 선택하였다.

중년이 되어서 취미 생활을 한다면서, 수필공부를 하고, 문학모임에 들어갔다. 모임에서 나는 신입이고, 글쓰기도 많이 모자라는 처지였다. 합평회를 할 때는 유난히도 내가 더 많은 비판을 받는다는 생각이 들었다. 아직 모른다고 내 자존심을 뭉갠다 싶어서 속으로는 화가 부글부글 끓었다. 겉으로는 '예, 예, 잘 배웠습니다.'라고 말했다. 어릴 때부터 나는 그렇게 살아오지 않았든가. 나는 수필 이론서를 사모았다. (거짓말을 조금 보태면)거의 100권 쯤이었으리라. 그 뒤에 유난히도 나를 많이 비판하였던 선배 수필가님에게 내가 공부하였던 수필이론을 들고나와 치받았다. 그 선생님은 화가 돋친 나의 반박에 되받지 못하고 쩔쩔 맸다. 그때 느낀 쾌감은 정말 신비로웠다. 왜냐면 나는 그때 후로 문학이론 공부를 했다. 내가 자존심을 지키면서 쾌감을 맛보는 방법을 찾았다고 할까. 은퇴를 한 후로는 물러서지 않으려 더 많이 공부한다.

아내가 잔소리를 하는 것을 보면 아마도 노년이 된 후로는 내가 말이 많아졌나 보다. 더구나 노인이 버려야 하는 것들을 나열한 금언집에는 '척심을 버려라'가 있었다. 나는 많은 공부를 하였다고 생각하니까, 아는 척 하는 척심도 더 많이 쌓였었나 보다.

내가 손자에게 한 발 양보하여, 먼저 전화하라고 선뜻 말하지 않는데는 나의 겉과 속이 달랐던 지난날의 갈등이 생각났기 때문이다. 편함을 찾아서 자꾸 물러서다 보면 인생살이가 소극적으로 되어 버린다. 나는 내가 그렇게 살았었고, 그 삶이 내면으로는 불만을 키우는 방법이라서 좋지 않더라고 느꼈기 때문이다. 더더욱이 그런 방법으로 새상을 사는 것은 모험심을 발휘하여 적극적으로 인생을 개척하면서 사는 방법이 아니었기 때문이다. 내가 소극적으로 살면서 가슴 속으로는 얼마나 많은 분노가 이글거렸던가. 그게 좋은 삶일까. 나는 내 인생살이와는 다르게, 아니라고 생각하였다. 내 손자가 삶을 소극적으로 살아가기를 바라지 않는다.

수필모임에 나가서 소극적이 아닌 적극적인 방법을 선택하였으므로 자존심도 회복하였고……. 그래서 손자에게 나처럼 물러서면서 사는 법을 말할 수가 없었다.

얼마 전에 나는 또 아는 척하느라 말이 많다는 따가운 질책을 받았다. 내가 힘들게 찾았던 삶의 방법이 도전받은 것이다. 어떻게 살아야 할까. 아내가 한 말이 생각난다. '당신 요즘 아는 척하고, 말이 많아졌어." 그걸 버리고 지금 다시 다른 길을 찾으려 헤메야 할까. 내가 어떻게 해야할지 갈피를 잡지 못한다.

내 마음을 들여다 본다.

"니는 머 할라꼬 여기 있노."

잡초는 뽑히지 않는다

지인이 대구 근교의 밭을 부모로부터 물려받았다. 도시 생활이 바쁘니 농사를 지을 형편이 안 된다나. 원하는 만큼 땅을 빌려줄 테니 주말농장으로 이용해 보란다. 나는 아직은 바쁘게 산다는 핑계를 대고 고개를 저었다. 농사를 짓겠다며 선뜻 나서는 사람이 없다고 하였다.

은퇴하고 시골에 300평의 땅을 마련하여 고추 농사를 지어보았다는 분이 말했다.

"농사요. 멋 모르고 시작하였다가는 수익은커녕 몸만 상해요. 그거 함부로 하는 거 아닙니다."

그 사람의 말에 따르면 '잡초' 때문이었다. 밭을 메고 돌아서면 또 수북히 자라 있고, 잡초 뽑는 일은 끝도 없는 반복이라며, 시지프의 신이 벌 받는 기분이 이렇구나 싶다 했다. '뭐, 주말농장요. 일부러 벌 받는 짓을 선택할 일이 무어 있어요.'한다. 농작물보다 잡초가 생명력이 훨씬 더 강하니 빨리 자란다고 했다.

잡초라면 강인한 생명력의 상징이다. 아무리 험한 조건에서도 결코 쓰러지지 않는 끈질김이 바로 잡초의 대명사이다. 그래서 인간사가 힘들다고 할 때 충고하는 말에 '잡초'가 자주 등장한다. 그러나 농사를 지어본 사람의 반응은 싸늘하다.

"잡초처럼……"

잡초는 아무리 불리한 조건이라도 포기하지 않는다. 우리도 잡초처럼 절대로 포기하지 말고 끈질게 살아라. 잡초의 강인함을 배우자. 우리는 잡초를 긍정적으로 평가한다. 그래서 잡초처럼 살아라고 한다. 흔히들 사회의 밑바닥에서 사는 사람을 잡초로 비유한다. 그들의 끈질긴 생명력을 좋은 점으로 말한다. 민초라는 말을 즐겨 사용하는 이유도 하층민을 긍정적으로 보기 때문이다.

노인복지회관에서 상담을 맡아 봉사활동을 하는 친구가 있다. 긴 삶을 살았고, 이제는 복지회관에 나와서 생의 마지막을 보내는 사람에게 여유를 가지도록 도와주는 일을 한다고 했다. 노인이라면 삶의 굴레에서 벗어나서 여유롭게 사는 사람이 아닌가. 마음을 비우고, 마음이 비워지면 감정이 잔잔해져 마음에는 작은 물결도 일어나지 않고……, 내 말이 끝나지도 않았는데 끼어든다. 감정이 잔잔한 사람이 전혀 아니라는 거다.

"영감탱이들이 더 잘 싸운데이-. 어린애보다 더 어린애 같데이."

노인복지회관에서 노인들에게 사교춤을 가르치나 보다. 하루는 영감탱이 둘이 싸움을 하느라 시끄러웠다. 자기의 파트너였던 할머니가 오늘은 다른 영감탱이의 파트너가 된 것이 싸움의 불쏘시게였다. 자기의 파트너를 가로챈 것은 자기를 무시하였다는 것이다.

"노인이 되면 마음이 많이 여유로워지는 것이 아닌가."

그건 잠언집에나 나오는 말이란다. 잠언집의 좋은 말은 온실 속에서 핀 꽃이나 같다. 그런 꽃은 복지회관 같은 야지(野地)에서는 피지 않는다. 복지회관에는 잡초만 자라서 야생화만 핀단다.

친구가 '잡초'라고 한 말이 재미있다. 친구 말을 더 들어보자.

"할아버지, 화가 왜 났어요."

"학교도 못 다닌 촌놈이라고 날 무시하잖아요."

무시하는 말을 하는 사람이 없는데도 그렇게 듣는 것을 보면 신기하다. 가슴 속에 자라 있는 잡초 때문에 들린다며, 잡초가 말소리를 골라준다는 잡초론을 펼친다. 그러면서 하는 말이 그들 앞에서 촌떼기라거니, 대학나왔다고 자랑하는 것은 금기어라고 하였다. 덧붙여서 너나 나나 우리 모두의 맘 속에는 잡초가 자라고 있다면서 잡초론을 강조했다.

그 말이 재미있다. 내 맘 속에는 어떤 잡초가 자리고 있을까. 나를 헤집어 보았다. 말을 듣고 화가 나서 끙끙거렸다면 그것이 나에게 자라는 잡초이다.

예전에 내가 쓴 글의 한 줄을 붙잡고 시비를 걸면서 나를 비난하는 사람이 있었다. 다른 사람도 아니고 그가 앞장 서서 나를 비난하다니……, 그때 너무 분해서 며칠 밤을 잠을 이루지 못했다. 내가 쓴 글이 잘못이다는 생각도 물론 하지 않았지만, 나는 사람에게 더 분노했다. 내가 베푼 게 있는데, 그런 그가 나를 이렇게 대하면 안 되지. 이 생각이 나에게 잠을 빼앗아 갔다.

그리고 오랜 세월이 흘렀다. 지금도 그 사람은 용서되지 않는다. 겉으로는 아닌 척해도 내 맘 속에서 끈질긴 생명력으로 자라는 잡초임이 분명하다. 금언집대로라면 잡초는 뽑아버려야 하는 건데 뽑지 못하다니. 잡초는 뿌리가 깊어서 강한 생명력을 지닌다는 것쯤은 잘 알면서도 아직까지 내 안에서 자라고 있는 것은 내가 수양이 안 된 저질 인간인 양 자책한다.

교장 선생님을 은퇴하고, 고향 마을을 들락거리면서 농사를 짓는 친구가 있다. 잡초 때문에 농사짓기가 힘들지 않느냐는 내 말에, '친환경 농법으로 짓는다.'고 했다.

"그게 뭔데."

잡초를 뽑지 않고, 농작물과 잡초가 함께 자라도록 하는 농법이란다. 그런 게 있느냐는 나의 의심스런 질문에 그런 게 있단다. 노인네가 하기 좋은 농법이란다.

친 환경 농법이라. 아하, 맞다. 내 맘 속에도 농작물과 잡초를 함께 자라게 하자, 어차피 뽑히지 않는 잡초인데. 마음 속에 그냥 안고 가자. 성인군자인 척하지 말고 인간으로 살자. 화가 나면 화도 내고, 싸워야 한다면 싸우기도 하고.

나는 뽑히지 않는 잡초를 억지로 뽑으려 하지 말고, 곡식을 맺어주는 농작물과 함께 지나기로 했다. 그렇게 마음을 정해도 편해지는 것도 아니었다. 어쩌니, 뽑을 수 없다는데.

끝난 뒤에

나의 바로 위의 형, 또 그 위의 형님, 그리고 나까지 삼 형제를 어머니는 시골에서 농사를 지어서 대학에 보내 주었다. 울 엄마가 늘 하던 말이 '이제 이 년 남았제. 이제 한 해만 지내면 끝나는구나.' 였다. 우리 형제가 대학 공부를 끝내는 날을 맞이하는 것이 어머니의 염원이었다. 한 해만……, 이라는 말은 마지막 대학생인 내 앞에서 한 말이었다.

학비 감당이 버거웠던 어머니가 가장 기다린 것이 우리들의 졸업이었다. 울 엄마의 가장 큰 바람은 학비 부담에서 벗어나는 일이었다. 그 길은 오직 하나이다. 내가 마지막으로 졸업하는 날이다. 그래서 어머니는 나의 졸업이 두 해 남았는데 한 해만 남았다며 손가락을 꼽고 계셨다. 사실은 나도 어머니처럼 손가락을 꼽고 있었다.

수확을 끝낸 가을 날의 밤에 잠을 이루지 못하고 방문 앞에 앉아 계시던 어머니의 모습이 선하다. 나도 잠이 오지 않아서 어머니의 어깨를 주물러 드리면서 어두운 밤을 함께 하고 있었다. 그때 어머니가 말했다. 내년의 농비가 얼마이며, 네 학비는 얼마인데, 아무리 계산해도 모자란다는 것이었다. 나는 기죽은 모습으로 가만히 듣고 있었다. '살림을 살아보면 신기하더라. 작년에도 이랬어. 근데 이럭저럭 살아보니 빚 없이 살아지더라. 금년도 그렇게 넘어가겠지.' 어머니 자신에게 하는 말인지, 나더러 걱정하지 말라는 말인지는 가늠이 안 되지만, 나는 이 말을 지금도 생생히 기억하고 있다. 사는 일은 신기한 일이고, 인생을 만들어가는 일은 인간사의 일만으로는 계산할 수 없다는 것이다. 나는 어려운 일이 닥치면 이때의 어머니를 떠올린다.

그때의 내 생각으로는 학교를 졸업하는 것이 어머니의 걱정을 끝내는 유일한 방법이었다. 아마 어머니도 그런 생각을 하면서, 두 해 남았제, 한 해 남았제 하였을 것이다. 학교만 끝내면 어머니를, 그리고 나를 짓누르던 걱정거리는 툴툴 털어지고 새로운 세상이 펼쳐질 것이다. 끝낸 뒤에는 석가님의 말씀을 빌리자면 '苦'의 세상이 끝나고 광명세상이 펼쳐질 것이다.

드디어 나에게 끝나는 날이 왔다.

끝낸 후에는 나는 쥐꼬리보다 더 적은 월급을 받으면서 수련의 생활을 시작하였다. 그 돈으로 하숙비도 내야 하고, 더 난감한 일은 대학원에 적을 두었으므로 학비도 감당해야 했다. 그때의 내 생각은, 아니 우리 세대들의 생각은 대학을 졸업하고도 부모에게 손을 벌린다는 일은 생각할 수 없는 일이었다. 끝낸 후에 나는 더 곤궁한 생활을 하였다.

내가 학교를 끝낸 후 얼마 지나지 않아서 울 엄마도 농사일을 끝내고 경주 시내에 터 잡고 있는 형님네로 거처를 옮겼다. 이제는 더 이상 농사일에 파묻혀서 고생하지 말라고, 고생을 끝내라고 우리 형제들이 내린 결정이었다. 이제는 농사일로, 우리들의 학비로, 밤을 지새면 걱정한던 삶에서 벗어나서 편안한 일상을 즐기시라는 뜻이었는데, 그런데도 어머니는 오히려 시골에서 땀 흘리며 농사짓던 일을 잊지 못하였다. 모여 앉아서 남의 집 며느리를 험담하고, 내 아들들을 자랑하던 시골의 이웃 친구를 그리워하였다. 어떤 날은 훌쩍 시골 동네로 떠나가서 며칠을 머물다 오곤 하였다.

시골로 떠나갔다가 돌아온 어머니를 나무라면, 하는 말이 '밥만 묵고 하는 일 없이 놀고 있으려니 세상이 지업으서(지루해서) 못 살겠더라. 놀아보니 노는 것도 좋은 게 아니네, 그래도 너거들(너희들) 학비 걱정할 때가 좋았는기라.' 하였다.

나는 학업이 끝나고 엄마한테 손 벌리지 않은 세상이 바로 지상의 천국이라고 생각하였다. 그런 고난의 시절을 끝낸 후에 나는 다시 대학원의 학비로 속을 끓였다. 이제는 어머니에게 손도 벌릴 수가 없으니……, 이것이 내가 바라고 바랐던 끝난 뒤에 일어난 일이었다.

끝난 후에 어머니는 돈의 압박과 농촌의 일에서 벗어났다. 농촌의 일이 몸에 배였다 하여 몸만을 다스리는 것이 아니었다. 마음도 다스리고 있었다. 나에게 닥친 일을 곰곰이 생각해보면, 긴 인생에서 끝낸 일이란 있을 수 없다. 끝난 후에 내가 체험하는 것이라면, 우리의 일은 끝나지 않는다는 사실이었다.

이제 팔순을 바라보는 나이가 되고 나서, 뒤돌아보니 나의 삶이 아주 많이 쌓여서 풍부한 경험을 만들어 주었다. 끝낸 일도 아주 많다. 대학원에 재학한 일도 그랬고, 수련의 생활도 끝을 냈다. 안동에서 종합병원에 봉직하였던 일도 끝을 냈다. 개원의 생활도 끝냈다. 끝낸 뒤에는 더 좋은 세상이 펼쳐지리라고 기대하면서 살아왔다. 분명한 것은, 끝낸 뒤라도 끝나는 일은 없고 또 다른 세계가 나를 기다리더라는 것이다.

이제 정말 끝낼 일이 하나 남아 있다. 이 세상의 삶을 끝내는 일이다. 내 가까운 친구는 이번에 끝내는 일은, 끝내고 나면 아무 것도 없다고 말한다. 그러면서 무덤은 왜 만들어, 재산은 왜 남겨, 글은 왜 남겨…, 왜, 왜.라고 한다. 그 친구는 모든 것이 끝났을 때에는 왜 하느냐가 정답이라도 되는 듯이 말하였다.

끝낸 뒤에는, 뒤에는.

나는 답을 모르니 할 말이 없다. 그러나 정말 아무것도 없을까. 살아보니 그렇지 않던데.

사흘만이라도…

그저께 추석이 지나갔고, 오늘은 늘상 하듯이 아침 산책을 나섰다. 하늘은 푸르니 한결 더 높아 보이고, 흰색 구름이 여유로워 보인다. 박물관의 숲길은 그제나, 오늘이나 구불거리면서 나무들 사이로 섞여 들어가버린다. 어디선가 새소리도 들린다. 여름 내내 듣지 못해 낯설기만 한 풀벌레 소리도 들린다. 나의 오감을 통해서 전해오는 자연의 향연인데도 아름다운 소리로 듣지 못했다. 지금까지는 덤덤한 마음으로 뚜벅뿌벅 걷기만 했다. 그래선지 그제도, 어제도 보았던 같은 모습들이고 소리들이다.

어제 밤에 읽었던 장영희의 수필이 머릿속에서 맴돈다. 헬렌 켈러의 글 '사흘만 볼 수 있다면'을 소개한 글이었다. 헬렌 켈러의 글은 이렇게 시작했다.

"누구든 젊었을 때에 며칠간이라도 시력이나 청력을 잃어버리는 경험을 하는 것은 축복이라 생각합니다. ……. 그리고 '사흘만……' 이라는 글을 남겼다.

"방금 숲 속에서 산책하고 돌아온 친구에게 무엇을 보았느냐고 물었더니 '뭐 특별한 것은 못 봤어.'라고 말하더라" 했다.

나의 오늘 산책도 그런 대답만 하였을 것이다. 그러나 나는 지난 밤에 장영희를 통하여 헬렌 케러의 글을 읽으면서 가슴 뭉클함을 느꼈다. 그래선지, 늘상 무심히 지나쳤는데, 오늘은 길 위에 떨어져 있는 갈색 나뭇잎이 눈에 보인다. 색만 누렇게 바래져 있을 뿐, 손바닥만한 크기는 나무에 아직 매달려 있는 잎이나 다름이 없다. 나무에 매달려서 아직 떨어지지 않고 있는 나뭇잎과는 다른 세계이다. 아직 살아서 숨을 쉬면서 푸른색은 지니고 있는 저 잎들은 무슨 말들을 하고 있을까. 나의 귀는 헬렌 켈러처럼 닫혀 있지 않는데도 도무지 들을 수가 없다. 아니, 들리지 않는다.

소리를 들으려 작심하니까 들리는 듯도 하다.

"어때요? 누렇게 퇴색한 내 모습이 추하지요. 그러나 내가 살아서 숨을 쉬고 있을 동안에는 물을 빨아 올리고, 햇빛을 끌어들여서 당신이 산책길에서 만나는 나무들을 저렇게 키워냈습니다. 대단하지 않아요."

"대단하네요."

길 바닥에 누워 있는 나뭇잎이 항변인지, 자랑인지 하는 말은 새삼 나의 시선을 끌었다. 작은 바람 한 줄기가 내 몸을 휘돌고 지나갔다. 길바닥에 누워 있는 나뭇잎은 그 작은 바람에도 몸을 추스르지 못하고 비틀비틀 흔들거렸다. 낙엽이 한 자랑의 말만이 내 안에서 메이리치고 있다.

풀벌레 소리도 들린다.

저들은 왜 소리를 지르는가. 언젠가 벌레가 운다고 하였더니 '왜 운다고 생각해요. 노래소리로 들으면 안될까요?' 하던 말이 나를 부끄럽게 했다. 부끄럽더라도 노래는 아니더라 싶어서, 오늘은 내가 '소리'라고 해본다. 노래라고 하면 더 아름답게 들리는지는 몰라도 벌레들의 삶이 노래를 부를만큼 즐겁고 한가로울까. 수긍되지 않아서 소리라고 했다.

헬렌 켈러는 시각과 청각이 없으므로 자기가 갖고 있는 감각으로만 느낀다. 촉각이다. 손으로 만나는 자연의 모습은, 말하자면 촉각으로 만나는 모양은, 소리는, 상상을 통해서만 보고, 들은 것이다.

헬렌 켈러의 글을 또 가져와 보자.

"때로는 손으로 느꼈을 이 모든 것을 눈으로 볼 수 있으면 하는 갈망에 사로잡힙니다. 촉각으로 그렇게 큰 기쁨을 느낄 수 있는데, 눈으로 보는 이 세상은 얼마나 아름다울까요. 그래서 꼭 사흘 동안이라도 볼 수 있다면……."

감각의 통로가 차단되었으므로 자연을 맞이하러 가야 하는 길은, 상상의 세계속으로 들어가는 길 뿐이다. 헬렌 켈러 앞에서 나의 다행스러움을 자랑스러워 하는 것은 예의가 아니지만, 나는 시각도, 청각도 통로가 열려 있으므로 상상의 길로만 자연을 맞이해야 하는 것은 아니다.

상상이 아닌 현실의 모습은 아름답지 않다지만, 나는 오늘처럼 햇살이 화사하고, 잎사귀가 살랑대면서 여리게나마 바람 소리를 들으면서 헬랜캘러 처럼 이 세상을 아름답게 바라보고자 한다. 초록의 잎새 위로 반짝이며 떨어지는 햇살이 눈부시지 않는가. 새소리며, 벌레소리, 아직도 들려오는 매미소리까지, 보이고, 들리는 것 모두가 멋진 자연의 향연인데. 왜 보이지도, 들리지도 않는 자연의 뒷 모습을 들추어 내어 자연을 추하게 만들려고 하였든가. 내 삶이라는 것이 아름다움에 마음을 닫았기 때문인가 보다.

나는 평생 동안 감각의 통로가 열려 있었지만, 아름다움에는 닫고 살아온 탓에. 헬렌 켈러처럼 사흘만이라도 통로를 열고 아름다움을 즐기고 싶다. 그런데도 '사흘만이라는'이라는 헬렌 켈러의 말이 자꾸 가슴을 아프게 하구나.

다리가 이쁜 아이

그림들을 보관해둔 USB를 뒤적이다가 로마 미술을 저장해둔 곳에서 김홍도 춘화 그림이 나왔다. 김홍도 춘화첩뿐 아니라 중국, 인도, 일본 등의 춘화도 함께 보관되어 있었다.

"어, 이 그림들이 여기에 있네."

그림을 보니, 옛날 생각이 났지만, 나도 어디에 저장되어 있는지를 까맣게 잊고 있었다. 그만큼 춘화가 나의 관심에서 멀어졌다는 것일 게다. 여기에 보관할 그때는 보석처럼 생각하였다는 기억이다.

나는 미술사에 푹 빠져서 내가 공부모임을 만들어 미술사 강의도 했다. 오래 전이다. 그때는 슬라이드를 만들어서 영상을 환등기로 비추었다. 내가 환등기도, 사진기도 직접 구입하여 손수 사진을 찍어 슬라이드를 만들만큼 열정적이었고, 나이도 젊었다. 미술사에서 제외되었던 춘화가 일본에서 1960년 대에 정식으로 미술사로 편입하였다. 월간미술에서 김홍도 춘화첩을 특집으로 다룬 것도 내가 춘화도 슬라이드를 만들도록 부추겼다. 깨끗한 그림 사진이 실린 영어판 춘화책을 구입하였을 때는 나만이 갖고 있는 보석이다 싶어서 뛸 듯이 기뻤다. 미술 모임에서 춘화 사진을 보여주거나 강의를 하면 아주 흥미로워하였다. 색상이 선명한 사진을 수집하여 지금 보관하고 있는 자료를 만들어서 강의를 하였던 기억이 난다. 그 자료는 나의 자랑이기도 하였다.

그 후로는 슬라이드 대신에 복사기가 나오고, 스캔 기법이 나오면서 사진도 슬라이드 대신에 스캔하여 USB에 보관하고, 영상도 환등기 대신에 빔 프리젠테이션을 이용했다. 수도 없이 만들었던 슬라이드는 상자에 들어가서 창고로 갔고, 지금은 슬라이드 상자가 어디에 묻혀있는지도 모른다. 코로나를 겪으면서 미술 공부도 정지된 상태이다. 그러다 보니 나도 어디에 보관하였는지를 잊고 있었다. 왜냐면 춘화도 USB를 따로 만들려니 이름 붙이기가 무어하여 그냥 로마 미술의 뒤편에 이어두었다. 그러고 보니 한두 해도 아니고 수십 년의 세월이 흘렀었고. 내가 잊을만큼의 세월이었다.

나는 춘화 사진들을 다시 한 장, 한 장 훑어보았다. 조잡한 그림에서부터 일본에서는 김홍도만큼 유명한 화가가 그렸다는 그림까지 다양했다. 아, 참, 우리도 대화가인 김홍도가 남긴 춘화첩도 있지 않는가. 그런데 왠지 그림을 보아도 말초신경이 짜릿하게 느껴지던 옛날 그때의 흥분이 살아나지 않았다. 호기심이 일기는 하였지만 내 성욕을 자극할 만큼은 아니었다.

모임의 자리에서 나와 같은 년배의 지인이 말했다. 요즘 여자애들은 다리를 너무 많이 노출시키니 눈이 자꾸 가더라. 나는 농담 삼아 말을 건넸다. 눈이 가는 것은 몸이 움직인다는 뜻인데, 아이구 대단합니다. 그랬더니 그 지인은 펄쩍 뛴다. 몸이 가는 것이 아니고 눈만 가는 거란다. 그러면서 하는 말이, '다리가 이쁜 애들이 없더라, 우리 시대는 여자 아이 모두 다리가 이뻤는데' 라고 하였다. 지인이 하고 싶은 말은 '요즘 여자 애들은 이쁜 다리가 없더라는 것' 이었는데,. 내가 지레 엉뚱한 소리를 하였던 것이다.

다리가 이쁘게 보이느냐, 그렇지 않게 보이느냐는 여자의 다리가 예쁘냐, 아니냐가 아니고, 네 눈이, 네 마음이 이쁘게 보느냐, 아니냐 이다. 이쁘지 않더라는 것은 마음이 이쁘게 보지 않음이고, 성적 흥분을 느끼지 않는다는 것이다.

지인이 느낀 것을 나도 그렇게 느끼고 있었다. 너무 뚱뚱하여, 저런 다리는 감추는 게 더 좋겠다 싶기도 하였다. 설사 곧고 예쁜 다리도 있었지만 마음이 움직일 만큼 나를 끌어당기지 못하였다.

우리의 대화를 미소를 띄우고 듣고 있던 젊은 회원분이 한 마디 했다.

"요즘 여자애들도 다리가 이쁜 아이들이 많아요."

내가 아내를 처음 만났을 때는 윤복희가 미니를 입고 비행기 트랩에서 내려오는 사진이 매스컴을 타면서 미니 처마의 열풍이 불던 때였다. 첫 소개를 받던 자리에 집사람은 미니를 입고 나왔다. 내 앞에 앉은 아내의 다리에 내 눈이 자꾸 머물렀다. 희고 곧은 다리가 내 눈을 끌기만 한 것이 아니고 내 마음도 끌어당기고 있었다.

마음이 움직이니 얼굴도 예뻐 보였다. 어쩌면 다리가 예뻐서 아내가 얼굴도 이쁘게 보였을까. 아닐 것이다. 내 젊음이 또 다른 젊음을 갈구했고, 아내의 다리는 젊음의 상징이 되어서 내 마음 속에 머물렀을 것이다.

농담삼아 한 내 말은 나의 말로 씻어야 한다. 그래서 지인이 다리를 얘기했지만 요즘 여자 애들은 우리가 젊었을 옛날 그때만큼 예쁘지도 않더라는 말은 내가 했다. 정말 예쁘지 않는지는 모를 일이지만, 적어도 길거리에서 마음이 찡하여 고개를 돌리는 일은 일어나지 않더라는 것이다.

우리의 말을 조용히 듣고 있던 또 다른 지인이 한 마디 거든다.

"쓸데 없는 소리 그만 하이소, 이 나이에도 몸이 움직여야 하고, 마음이 움직여야 한다는 말인가요. 예쁘지 않게 보이는 것은 하느님의 섭리인기라. 우리 눈에 여자 다리가 이쁘게 보이면 안되니까 하느님이 우리 늙은이의 마음을 예쁘게 보이지 않도록 만들었다 아닙니까."

젊은 회원분은 미소를 머금은 채 우리의 대화를 조용히 듣기만 한다.

그러고 보니 내가 춘화도 사진들을 어디에 보관해두었는지를 잊고 있었던 것 또한 하느님의 섭리였나 보다.

책 이야기

오늘, 조선일보에 흥미있는 글이 실려 있어, 나도 책 이야기를 해 보고 싶습니다.

여러 부류의 사람들 중에 책을 가장 가까이 하는 사람은 어떤 집단에 소속되어 있을까?

만약에 수능시험에 이런 문제가 나왔다면, 올해는 난이도가 너무 낮아서 평가의 잣대 역할을 못한다고 야단이었을 게다. 정답이 뻔하기 때문이다. 그렇다면 정답은? 그야 문인이다. 직업 문인이라면 책으로 밥벌이를 해야함으로 더더욱 적절한 답이 된다.

얼마 전에 수성구 문협 회장님과 정호승 문학관에서 문학 강연을 하기로 이야기가 되었다. 나는 어떤 주제로 강의할까를 고심하였다.

10여 년 전부터 우리의 독서시장에서 '아들러 심리학' 책이 베스트셀러의 목록에 오르면서 서점의 베스트셀러 코너를 떠나지 않는다고 하였다. 나는 '옳지!' 하고 무릎을 쳤다. 심층심리'를 주제로 강의를 해보자. 인간의 내면은 문인들이 가장 탐구하는 분야가 아닌가. 내 생각으로는 틀림없이 흥미를 끌리라 생각했다. 내가 이런 간 큰 생각을 하게 된 것은 꼬박 10년간이나 임진수 교수의 '라캉-프로이트 교실'에 공부하러 다녔기 때문이었다.

내 생각으로는 그래도 문인은 책을 가장 가까이 하는 족속이고, 인간의 내면 문제에 가장 관심이 많은 사람이다. 글쓰기를 하려면 필요한 요소가 사람의 마음이 어떻게 움직이는지를 알아야 한다.고 생각했다. 정호승 문학관에서는 자기들이 운영하는 공부방을 통해서도 홍보를 하였더니 10명 가까이가 강의를 듣겠다고 지원하였다 하였다. 여기에 주최를 하는 수성문협 회원님이 참석한다면……, 그래서 내 강의를 들으려 얼마나 올지-, 기대되었다.

내가 가끔식 교보문고에 들러보면 요즘에는 쇼펜하우어의 책이 베스트셀러 코너에 얼굴을 들고 나를 빤히 처다본다. 베스터셀러 코너에서 내가 가장 많이 만나는 책은 재테크를 다룬 책이거나. 흥미로운 역사적 사실을 다룬 책이었다. 그런데 이건 철학자의 얼굴이 아닌가. 반갑기보다는 신기하였다.

내가 교보문고에 더러더러 들르지만, 서점의 매장에서 내가 아는 문인을 만난 일은 한 번도 없었다. 유일하다면 이상규 교수 정도이다. 그 분이야 교수 신분이니…….

금년에는 반갑고, 반가운 소식이 들렸다. 우리나라의 한강 작가가 노벨 문학상을 받았다는 소식이다. 얼마나 놀랍고, 반가운 소식인가. 나는 작가 문제가 아니고, 우리 언어가 지구촌의 구석자리에 지방 사투리보다도 더 못한 대접을 받고 있으므로 노벨상은 아예 가망 밖이라고 생각하였으므로, 노벨상 소식이 더더욱 놀라웠다. 솔직히 말해서 나는 한강이라는 작가를 잘 몰랐다. 예전에 부커상을 받았을 때 그의 책 '채식주의자'를 사서 읽다가 그만 두었다. 그에 관한 기억이라면 재미도 없고, 나의 취향에 맞지도 않아서 읽다가 밀쳐두었던 기억이 유일하다. 이것은 내가 그의 주장에 동조하지 않았다는 뜻이기도 하다.

노벨상 쇼크로 그의 책을 읽어볼까 하여 나의 책장을 뒤졌으나 찾지 못했다. 엉뚱하게도 2022년에 노벨상을 받은 아니 에르노의 '단순한 열정'과 2023년의 노벨상 수상 작가 욘 포세의 '3부작'이 나왔다. 단순한 열정은 '사드보다 더 외설스럽다'고 '롤랑 바르트'가 평한대로 그냥 그런 소설이어서, 읽고나서도 거의 기억하지 못했다. 욘 표세의 '3부작'도 선정 이유가 거창하였지 내게 남아 있는 인상은 재미 없고, 재미 없고, 정말 재미 없었다. 기억으로 남아 있는 것이 거의 없었다. 그렇다면 한강이 노벨상을 받았다고 내가 반느시 기억해야할 이유도 없고, 그의 책을 내가 좋다고 밀하어야 할 이유도 없다. 그래도 한강은 우리나라 작가가 아닌가. 나는 아직까지도 그 작가를 잘 모르지만, 그의 책을 구입하여 새롭게 읽어보아야겠다고 생각하였다.

대학 동기회가 정기적으로 모이는 날이었다. 동기회장을 맡고 있는 나는 오늘의 인사말에는 '한강 작가 이야기를 먼저 꺼내고…….' 이런 생각을 하면서 동기회장으로 나갔다. 먼저 와서 앉아 있던 동기들이 내가 앉자, 한강 이야기를 하고 있었다. 내 귀에 들리는 소리가 '왜 그런 작가에게 상을 주느냐'의 취지로, 격렬하게 작가를 성토하였다. 나는 분위기가 심상찮다고 생각하고, 인사말을 할 때 한강 이야기는 아예 꺼내지도 않았다.

다시, 정호승 문학관의 문학 강의 얘기로 돌아가자. 첫 시간에 내 강의를 들으러 온 사람에게! 이게 뭐냐. 조그만 강의실에 듬성듬성 앉아 있었다. 그것도 정호승 문학관의 홍보로 온 10명 가까이를 빼고 나면, 기대하였던 수성구 문인은 거의 오지 않았다. 회장은 나더러, 내가 운영하는 공부방에서 좀 동원하시지요. 했지만, 공부란 스스로 하는 것이지, 부탁하여 억지로 참석하는 것이 아니라는 것이 나의 생각이다. 아이구 그걸 어떻게 나와 달라고 해요, 하고 말았다.

첫날도, 둘째날도, 그 다음 날도 그랬다.

강의 뒤에 회장님과 차를 마시면서 이야기를 나누었다.

우리나라에서 한강 작가가 최초의 노벨 문학상을 받았다면, 우리 문인들이 그의 작품 읽기나, 작가 읽기 모임을 만들어야 하지 않습니까. 우리 수성구야 말할 것도 없고, 대구문협에서도 그런 움직임이 보이지 않던데요. 그래도 우리는 문인인데, 우리나라 문학사상 최고의 경사인데. 나는 불만스럽게 말했다. '회장님은 자기들과는 이념이나 등등, 맞지 않는 부분이 많겠지요.'라고 했다.

맞지 않으면 왜 안 맞는지를 토론할 필요가 있지 않을까요. 작품 읽기를 정치적 이념만으로 해야 하나요. 다른 관점에서 분석해 볼 수도 있지 않을까요.

우리는 이 정도로만 얘기를 나누었다. 내가 아직까지도 한강 작가를 모르면서 이런 말을 한다는 것은 주제넘어 보이는 짓이다.

그렇다면 글의 첫머리에서 말한 '조선일보에 실린 글'을 보자.

베스트셀러 코너에 19세기 철학자 '쇼펜하우어'의 책들이 꽂히고 있다. 2021년에 1종, 2022년에 2종이던 쇼펜하우어의 책은 작년 9월 '마흔에 읽는 쇼펜하우어' 이후 32종이 출간했다. 작년 말 배우 하석진이, 걸그룹 '아이브'의 장인원이 관련 책을 언급하자 판매가 폭증하였다.

(생략)

책이나 활자와 어울릴 것 같지 않을 것같은 20대 아이돌이 책을 읽는 자체가 힙(hip=멋지다, 라는 뜻)하다는 이미지를 줬다고 한다. 독서의 독과 기분이 좋아지는 신경전달물질인 도파민과의 합성어도 만들어지고, ……, MZ 세대에 맞는 합성어들이 만들어져서 유행한다.

이것을 두고 책 한 권도 안 읽으면서 허영의 멋만 내는 '지적 허세'라고 말하는 사람도 있다.

우리 문인들은 한강을 싫어하더라도 한강을 읽는 척하는 '지적 허세'라도 보여주면 안될까.

바꾸어 말하면, 우리가 얼마나 책을 읽지 않기에 지적 허세를 부리는 것까지도 남달라 보일까.

조선일보는 이렇게 글을 끝맺었다.

“AI 시대에 읽기와 쓰기로 단련된 사고력은 대체할 수 없는 강력한 무기가 될 것이다.”

설명을 조금 드리자면, 앞으로 AI시대가 되면 책은 점점 더 멀어질텐데, 읽기(독서)를 하고, 쓰기(문학활동이라고 해 보았습니다)를 하면, 우리의 사고력을 훈련시키는데 이 보다 더 좋은 것은 없다.

문학하는 우리 동료 선생님들, 공부도 하고, 글도 읽고, 특히 우리 동료 회원님들의 글을 서로서로 읽어주도록 합시다. 문인은 쓰는 자만이 아닙니다. 요즘의 문학이론은 읽는 자를 더 중요하게 생각한답니다.(수용이론에 의하면)

다리

다리는 아주 많은 의미를 가지고 있다. 많은 작가들이 다리를 소재로 하여 글을 쓰는 이유일 것이다. 그래서 나도 글을 써본다. 먼저 몇 몇 작품을 사례로서 살펴보자,

보스니아의 작가 이브 안드리치는 1945년에 '드리나 강의 다리'라는 소설을 발표했고, 이 작품으로 1961년에 노벨 문학상을 받았다. 드리나 강이 보스니아의 바테고라드로 흐르고, 그 강을 건너는 다리이다. 1600년 경에 이 다리를 놓은 이래로 수백 년 동안 수많은 군인들이 행진하면서 건너 보스니아 역사를 만들었다. 세계대전 때는 탱크들의 부룽거리는 소리만큼이나 더 잔혹한 역사를 만들었다. 이 다리는 아무런 말도 하지 않고 있지만, 보스니아의 역사를 몸으로 겪었다고 할까. 최근에는 '인종청소'라는 인간이 저지른 가장 잔혹한 역사도 안고 있다. 인간이란 얼마나 잔인한가를 몸소 체험하였지만 다리는 한 마디도 말하지 않는다. 아무런 말도 하지 않는다고 하여, 정말 침묵만 하는 것일까. 다리를 바라보는 우

리가 안드리치가 하는 말을 듣고 있으니. 안드리치가 '드리나 강의 다리'를 통하여 가슴 울리는 말을 하고 있는 것이다. 글을 쓰는 작가는 입으로만 말하는 것이 아니다. 나도 수필을 쓴답시고 자부심을 가지는 이유이다.

또 하나의 다리는 아폴리네르의 '미라보 다리'이다.

아폴리네르는 프랑스 시인이다. 이 시는 미라보 다리 아래로 흐르고 있는 세느 강을 노래한다. 그의 시 한 구절을 여기에 옮겨와 보자.

나날은 흐르고, 달도 흐르고,
지나간 세월도 흘러만 간다.
우리네 사랑은 오지 않는데
미라보 다리 아래 세느 강은 흐른다.

드리나 강의 다리와 다른 점이라면, 다리 위가 아니고 아래로 세느 강이 흐른다는 것이다. 드리나 강이 인간의 외면을 그렸다면 미라보 다리는 인간의 영혼을 노래한다. 흐르는 것은 인간의 역사만이 아니고 나날도 있고, 달도 있고, 세느 강물도 있다. 그러나 아직 오지 않은 사랑도 있다. 미라보 다리가 보고 있는 것도 결국은 인간사이다. 미라보 다리도 직접 자신이 겪는 일은 아니지만, 흐르는 것을, 변하는 것을 묵묵히 묵묵히 보고 있었다. 미라보 다리가 경험하는 것은 잔인한 인간의 역사가 아니고, 인간이 영혼으로 추구하는 것들이라고 하겠다. 드리나 강의 다리는 지나간 역사를 이야기 하지만 미라보 다리는 아직 오지 않는 미래를, 즉 희망을, 꿈을 기다리고 있다. 다리가 주는 뉘앙스는 드리나 강의 다리와는 확연히 다르다. 이것 또한 다리가 가지고 있는 의미이다.

내가 가장 솔깃해 하는 또 하나의 다리가 있다.

조선 말의 화가 고람 전기의 그림에 나오는 다리이다. 그는 사대부 선비가 아닌 중인의 신분이었고 끼니를 때우기 어려울 만큼 가난했다. 심한 통증을 주는 질병을 지녔으나 옆방의 어머니가 걱정을 할까봐 이를 악물고 아픔을 참았다는 그는, 30대에 이 세상을 하직함으로 불행한 삶을 살다 간 화가이다.

그가 그린 매화초옥도는 매화가 만발하여 초옥을 둘러싸고 있다. 초옥의 창문으로 글을 읽는 선비의 모습이 보인다. 그가 꿈꾼 이상향이 매화로 둘러싸인 초옥에서 글을 읽는 것이었나 보다. 그림의 아래 쪽, 화면의 구석에는 술병을 들고 다리를 건너는 사람을 그렸다. 그림 읽기를 하자면 다정한 벗님네가 술병을 들고 매화를 즐기려 찾아오면, 늘림없이 술잔을 기울이면서 정이 어린 대화를 나누면서, 봄의 선녀인 매화를 감상하리라.

이런 분위기는 사대부 선비들이 가장 선호하는 모습이다. 하루하루 먹고 살기도 힘든 화가 전기가 감히 이런 삶을 누릴 수 있을까. 누릴 수 없다. 다만 그가 바라는 소망이고, 꿈이다. 그림은 그의 환상의 표현일 뿐이다. 다리는 고람 전기를 환상 쪽으로 데리고 가는 통로이다. 화가를 이상향으로 데리고 들어가는 문이다. 결론으로 말하자면 고람 전기가 현실에서는 결코 이룰 수 없는 욕망을 다리라는 상징 언어를 이용하여 환상으로 풀어낸 것이다. 아폴리네르가 미라보 다리에서 말하였듯이 오지 않는 사랑을 기다렸다면 고람 전기가 기다린 것은 무엇이었을까. 사랑보다도 더 고귀한 어떤 것을 기다리는 심정으로 다리를 그렸으리라.

인간은 환상을 통하여 자신의 아픔을 견디면서 세월의 강을 건넌다. 인간사란 아픔으로 만들어져 있고, 환상이란 방법으로 그 아픔을 치유하는 것이 우리가 사는 일이다. 고람이 그린 그림 속의 다리는 고람의 환상이 건너오는 다리일 것이다.

내게 가장 친근한 다리는 나의 세월이 건너고 있는 다리이다. 내 몸이다. 내가 숨 쉬며 살아있는 동안에는 세월은 나와 함께 살아야 하기 때문에 세월은 나를, 나는 세월을 벗어나지 못한다. 그러고 보니 드리나 강의 다리를 수많은 군인이 우렁차게 행진하면서 지나갔다면 세월은 나를 다리삼아 숨소리 하나 내지 않고 지나갔다. 군인들이 드리나 강을 건너면서 역사를 만들었듯이 세월은 나의 역사를 내 마음에 새기면서 지나갔다.

내가 살아온 만큼, 세월은 80년 동안 내 몸에, 내 영혼에 수도 없이 많은 역사의 흔적들을 새겨두었다. 나는 누구인지, 진정한 자아가 무엇인지를 탐구할 수 있도록 세월은 온갖 자취들을 새겨두었다. 그런데도 나는 아직도 세월이 새겨준 나의 모습을 알지를 못하다니……. 너무 넓어서일까, 너무 깊어서일까, 너무 길어서일까.

나는 세월이 온갖 흔적들을 남겨 놓은 다리를 반추하면서 다시 건너본다. 내 유년이, 청소년 때가, 그리고 갓 어른이 된 그때가 흐릿한 그림자가 되어서 다리 위를 걸어가고 있다. 나는 크리스마스 날, 스쿠리지가 지난 날의 자기를 환영으로 보듯이, 세월이 다리 위에서 새겨놓은 나인 듯한, 흐릿하게 보이는 형상을 본다. 저 사람이 누군가. 나인가? 넓이도, 깊이도, 길이도 가늠이 안 된다.

천천히 다리 위로 걸어보니 드리나 강의 다리에서처럼 발자취를 요란하게 남기면서 지나간 세월도 있었다. 미라보 다리 아래로 흐르는 세느 강처럼 나에게 오지 않은 온갖 꿈들을 무의식의 창고에 보관해두고 흘러간 세월도 있었다.

그러나 세월이 건너고 있는 다리도 멀지 않아 끝이 나리라. 세월이 더 이상 건너지도 않고. 흘러가지도 않는 날이 오리라. 그때서야 내가 몰랐던 나의 넓이도, 깊이도, 길이도 드러나겠지. 오늘이 크리스마스라서인지 자꾸 환영에 혼란스러워 하면서 다리 위로 걸어가는 스쿠리지 영감의 모습이 나의 형상과 겹쳐진다.

3부

강물은 흘러간다 / 군위군 답사를 다녀와서 / 스님은 말이 없으시고
有文村 이야기 / 차창 밖은 / 가슴이 탁 터지는/ 내 멋대로 산다
옥녀를 기억하다 / 고궁 박물관

강물은 흘러간다

* 산천은 그대로인데 인간사는 그대로가 아니네

나는 우리 문화를 찾아다니는 답사팀에 참여하여 조선시대의 양반 가옥을 열심히 훑고 다녔다. 양반가의 저택도 시간이 지나면서 생활하기에 불편한 곳이 나타나니 여기저기에 손을 보기 마련이다. 그런 만큼 주택의 원형은 훼손되어서 전통 가옥의 양식을 그대로 간직한 고택은 하나씩, 둘씩 사라져버렸다. 봉화의 닭실 마을도 그랬고, 영덕의 모랫골도 그랬다. 조선시대의 전통 가옥 답사라고 하지만, 지금은 전통 가옥이 온전히 남아 있는 곳은 거의 없다.

다행히도 팔공산 자락인 옻골 최씨 마을에는 조선의 양식이 고스란히 남아 있는 고택이 있다. 백불 고택이다. 나는 답사팀을 데리고 이곳을 열 번도 더 찾아갔다.

일일문학회에서 경주 답사를 갔다. 대구로 급히 돌아와야 할 회원이 있어서, 일정을 줄이고 서둘러 대구에 오니, 해가 서산으로 넘어가기까지를 기다리려면 지루하리만큼 시간이 여유롭다. 계획에 없는 옻골 최씨 마을을 들러보자고, 내가 우겨서 가기로 했다.

나는 우리의 문화가 하나씩 하나씩 사라지는 것이 안타깝기도 했지만, 문학인이라면 우리의 전통 문화도 조금은 알아야 한다는 생각을 하였다. 더 솔직히 내 마음을 열어볼라치면. 이곳에 가면 답사팀을 안내한 일이 한두 번이 아닌 내가 설명을 할 수 있는 꺼리가 많으리라. 안내를 하면서 이것저것 설명을 하면 내가 많이 알고 있다고 으쓱하는 기분이 될 것이라는 것이 더 솔직한 심정인지도 모르겠다.

마을 앞에는 비보숲이 성벽을 이루어서 온갖 잡것들이 마을 안을 기웃거리지 못하도록 막아준다. 뒷산에서 내려오는 물이 마을을 감싸고 돌면서 흘러간다. 마을에 들어가려면 개울을 다리로 건너야 한다. 전라도 지역에는 이쯤에 장승이 있거나, 돌탑이 있어서 마을을 이중으로, 삼중으로 보호해준다. 이 마을에는 없다. 왜인지는 모르지만 경상도와 전라도의 문화 차이일까.

마을 뒤의 산 능선이 거북을 닮았다, 다리를 건너면 저 거북이 이 마을을 보호해준다고 믿어, 거북이가 마을을 벗어나지 못하도록 연못을 파 두었다.

연못의 바로 안 쪽에 아람드리 회나무가 있다. 안내판은 마을 사람이 쉬는 곳이란다. 내가 보기에는 당나무가 분명하다. 그런데 쉬는 곳이라고? 평민들이 사는 마을이라면 일년 중의 언젠가는 이 나무 아래에 모여 마을의 안녕을 비는 동제를 지내기 마련인데…….
그렇다면 안내판에 당목이라고 적어두어야 하지 않을까. 그런데도 당수라는 말은 보이지 않는다. 양반 마을에는 양반만이 사는 것이 아니다. 양반을 수발드는 상것도 함께 살기 때문에 민간신앙적인 요소도 함께 가지고 있다.

조금 더 마을 안으로 들어가면 전각이 나온다. 일반적으로 조선시대의 양반 마을은 바로 효자각이나 열녀각이 있는 전각에서부터 시작한다. 엄격히 말해서 여기가 양반 마을의 입구인 셈이다.

널찍한 골목길을 따라 마을 안으로 들어가면 행랑채와 대문이 가로막는다.

조선시대라면 대문 앞에 뒷짐을 지고 서서 '이리 오너라!'를 길게 소리내었을 텐데, 그런데 오늘은 마을 분위기가 이상하다.

내가 기억에 담아둔 그림과는 많이 달라져 있다. 세월이 홍수처럼 몰아쳐서 많은 것을 쓸어가버렸나 보다. 보기 좋은 비보숲이 마을을 가로막고 있었는데, 오늘은 숲들이 비루먹은 말 같다. 숲 안쪽의 연못은 물이 말라버리고, 잡초만 무성히 바닥을 뒤덮고 있다. 전에는 물이 차 있었다. 버들가지가 늘어져서 수면에 닿을 듯 했다. 마을을 지켜주는 뒷산의 거북이가 이 물에서 놀았다고 하는데, 물이 없는 연못이니 거북이가 내려 올 생각도 아예 않으리라.

마을 앞의 회나무 아래에는 의자를 놓아두어, 앉아서 쉬면서 환담을 나눌 수 있도록 꾸며두었다. 나는 답사를 올 때마다 마을을 지키는 당나무라고 설명하였었는데, 지금은 그냥 키 큰 나무일 뿐이다. 초라하기 이를데 없다. 더 안쪽에는 대중식당도 있고, 카페도 있다. 동네 분위기가 이상하다. 이게 무슨 양반 마을이냐.

나는 골목 안에 백불 고택이 있으니, 골목 안으로 들어가자고 했다. 그런데 더 이상하다. 드레스 차림의 신부도 보이고, 양복을 입은 신랑도 보이고, 양복을 입은 하객도 보인다. 골목길이 결혼식장의 분위기이다. 그렇다면 사모관대를 한 신랑과 한복에 족두리를 한 신부가 제격인데, 프록코트에 드레스라니.

행랑채는 담장으로 막아버리고, 대문만 열려있다. 이건 고택이 아니다. 들어가려고 하니 못 들어가게 한다. 돌아섰다. 아마도 혼례를 올리는 예식장으로 꾸며두었나 보다. 나는 조선시대 양반가의 구조를 설명하려 머릿속을 정리하고 있었는데 소용없는 일이 되어버렸다.

돌아서서 나오면서 나는 이 마을도 돈 신을 몸주로 모시는 신흥종교의 요람이 되어버렸다고 느꼈다.

이제 내가 아는 전통마을은 모두 없어졌다. 수백 년 동안 굳건히 지켜오던 요지부동의 전통도 세월의 강물을 거슬리지는 못하는구나. 마을의 안전을 지켜주던 비보숲이며, 거북이며, 당나무를 믿지 못하겠다며 새로운 신령님인 '돈'님을 마을신으로 모시는 세월이 아닌가. 식당이며, 카페며, 예식장이며, 고택은 돈신이 머무는 당집이 되어 있다.

버스를 오르는 우리 회원님들도 하나같이 몸이 기우뚱거린다. 세월은 젊음을 송두리채 싣고 가버렸다. 나도 나이가 많아지니……. 옷골 마을처럼 스러져간다는 느낌이다.

군위군 답사를 다녀와서

영남문화회의 2023년 가을 답사지를 군위군으로 정했다. 군위군은 대구의 인근인데도 나에게는 낯선 지역이다. 군위 삼존불과 인각사는 수도 없이 방문하였지만, 그 두 곳이 내가 아는 군위군의 전부이다.

나는 요즘 아내와 절집 108寺를 찾아가기로 정해두고, 열심히 절집을 찾아 다닌다. 지금까지 105寺를 다녔지만, 군위 삼존불은 그 105사 안에 들어있지 않다. 내가 승용차를 없애고, 대중교통을 이용하여, 아내와 함께 가는 것을 절집 찾아가기의 조건으로 달았기 때문이다. 군위 삼존불은 대중교통으로 찾아가기는 불편한 곳이다. 그래서 빠져 있었는데, 이번 답사지에 군위 삼존불이 들어 있다니까 아내가 더 좋아한다.

군위 삼존불은 나와 또 다른 인연이 있다. 나에게 불교미술의 흥미를 돋우어 주어, 취미생활 수준이지만 불교미술을 공부하도록 해주었다. 1962년에 우리나라 전 언론이 제 2 석굴암을 발견하였다고 떠들었다. 고등학교 2학년 때였다. 고향이 경주이다 보니 신라 유물에 푹 빠져 고고학을 전공하는 대학교수가 된 친구가 있었다. 이 친구가 나더러 군위 삼존불을 찾아가 보자고 꼬드겼다.

그때 경주에서 5시에 출발하여 안동에 가서는 통학열차가 되는 칙칙폭폭 기차가 있었다. 우리는 그 기차를 타고 봉림역에 내려서 군위 삼존불이 있는 곳까지 걸었다. 지금도 그때의 기억이 생생하다. 들녘은 익은 벼들로 온통 노랗고, 논둑에는 메뚜기가 풀석풀석 뛰어 다녔다. 삼존불이 있는 곳에 닿으니, 부처님은 온 몸으로 아침 햇살을 받고 계셨다. 그 아래로는 노란 낙엽이 몇 잎 둥둥 떠있는 개울물이 흘렀다. 바닥의 자갈돌 위로 물그림자가 일렁거렸다. 그 기억은 평생 동안 지워지지 않고, 내가 신선이 사는 곳을 꿈꿀 때는 곧잘 그런 곳으로 안내해준다.

대구를 내 삶의 근거지로 정하고 나서는 수도 없이 군위 삼존불을 찾았다. 삐거덕거리던 나무 계단은 꿈적도 않는 돌계단으로 바뀌었고, 그 앞을 흐르는 팔공산 계곡물은 돌로 둑을 쌓아 산골 물의 운치를 없애 버렸다. 정말 아쉬운 것은 물 아래에 깔려있던 자갈돌이 어디로 갔는지, 내가 신을 벗고 발을 담갔던 그 맑은 물은 또 어디로 갔는지. 이런 이유로 내가 더더욱 옛날 생각을 많이 하는지 모르겠다.

삼존불은 하늘 높이 솟은 바위 절벽에 인공으로 굴을 뚫어서 모셨다. 바위 절벽 위로는 소나무들이 숲을 이루었다. 학소대라고 하였다. 학소대는 학이 집을 짓고 머문다는 뜻이므로 이 신선사상과 관계있다. 어쨌거나 세속의 사람이 사는 곳과는 다른, 즉 신성지라는 것이다.

바위 절벽 아래로 물이 흐르는 곳은 거의 예외 없이 우리의 토속 신앙에서 굿을 하는 곳이다. 굿을 하는 곳은 우리의 옛 신성지이다. 더구나 학소대라는 이름까지 가지고 있으니 더 말할 나위가 없다. 경주의 문장대도 암각화가 있고 절벽 아래로 형산강이 흐르면서 시퍼런 소를 만든다. 애기청소이다. 김동리의 소설 '무녀도'에서 무당 '모화'가 굿을 한 곳이다. 고령 양전리 암각화도 물가이다. 영주 가흥리의 바위그림도 강 가에 있다. 암각화와 더불어 부처님도 조성되어 있다. 우리의 토속 신앙지가 불교의 성지로 바뀌는 것을 보여준다고 하였다. 군위 삼존불이 있는 이 곳도 불교가 들어오기 이전의 우리 토속 신앙지이다.

이번 군위군 답사를 안내하는 도 선생님은 일정을 일연스님에 초점을 맞추었다. 일연스님이 말년에 주재하셨다는 인각사에는 일연스님의 자취가 많이 남아 있다. 인각사에 들러서 일연스님에 관한 많은 이야기를 해주었다. 우리가 스님의 속성을 잘못 알고 있다든지, 일연스님 바로 알기 공부 등등, 흥미로운 이야기가 많았다. 일연스님에 관한 또 다른 주장도 있지만, 일연스님은 자기를 두고 인간들이 이렇쿵저렇쿵 하는 말을 듣고 계실까. 아무런 말씀도 없으시다.

그러나 고은 시인의 시를 소개할 때는 최영미 시인이 '괴물'이라고 한 말이 떠올라서 내 기분이 별로였다. 내가 이렇게 편견을 가져서는 안 되는데, 절집에 와서도 고약한 생각을 하다니, 일연스님은 자기를 두고 이렇게 떠들어도 아무 말씀도 않으시는데, 고은 이란 이름에 기분을 상해 하다니, 꼬인 내 마음을 다듬어 본다.

나는 인각사의 절이나, 일연스님보다는 절 앞에 우뚝 솟은 바위 절벽에 관심이 더 쏠린다. 학소대라고 한다니 흥미롭다. 이래로는 수량도 많고, 맑은 물이 흐르면서 소를 만든다. 여름철이면 아이들이 몰려오는 유흥지라고 하였다. 예전에는 용이 살거나, 신령님의 거처지였을 것이다. 아니면 정말 기린이 물을 마시러 왔던 곳일까. 따진다면 군위 삼존불이 계시는 곳과 꼭 닮았다. 굳이 다르다고 한다면 훨씬 더 많은 물이 흐른다고 할까. 이곳도 경주의 애기청소처럼 무당이 굿을 하였던 곳이었으리라. 인각사는 선발 종교인 우리의 무속 신앙터에다 절을 세웠으리라.

삼국유사를 흥미로운 책으로만 읽은 내가 이런 말을 할 자격이 있을까마는, 삼국유사에는 천년 묵은 여우 이야기가 나온다. 스님이 지팡이를 던져 물리쳤다는 이야기는 바로 토속 신앙지를 점령한 불교가 자기 합리화한 것이 아닐까. 이런 소리를 자꾸 하면 군위 삼존불의 부처님도, 일연스님도 나를 싫어하실지 모르겠다.

'후발 종교가 선발 종교의 신성지를 자기의 성지로 만드는 것은 전 세계에서 나타나는 현상입니다. 제 말을 고깝게 듣지 마시기를 바라겠습니다.' 아무런 말씀도 들려오지 않으니 일연스님도 내 말을 수긍하셨다고 믿자. 인간은 이렇게 자기를 정당화한다.

안내를 맡은 도 선생께서 학소대의 옆의 산봉을 옥녀봉이라고 하였다. 그 산의 아래턱에 자동차가 다니는 굴을 뚫었다. 옥녀봉도 우리나라의 산 이름으로, 우리나라 인간의 이름인 영자나 돌이만큼 흔하다. 그러나 영자가 일본에서 들어온 이름이듯이 옥녀도 중국에서 도교 사상에 묻어서 왔다고 하였다. 영자와 돌이와 다른 점이라면 옥녀는 사람의 이름이 아니고, 여신이라는 것이다.

옥녀는 여신이다. 여신은 남신보다 먼저 나타난 고대신이다. 학교에서 어려운 말로 가르쳐 준 모계사회, 즉 불교 이전의 옛 시대인 모계사회의 신은 여신이다. 그 탓에 우리나라 산신은 거의가 여신이다, 지리산의 마고 할매나 가야산의 정견부인은 자기의 이름을 가졌다. 고유의 이름을 얻지 못한 산신들은 도매금으로 옥녀로 불렸다. 불교가 들어온 후로는 더욱 더 천대꾸러기가 되어서 신의 면모를 잃어버리고 전설에서나 모습을 드러내신다

고대인들은 대지의 생산력으로 자란 식물에서 먹을 것을 얻듯이, 땅의 신이 곡물을 생산하여 우리를 먹여 살리듯이 여신의 생산(출산)력이 우리에게 생명을 주고, 부자로 만들어 준다. 이러한 우리의 고대신은 무속에서 그대로 살아 있다. 무속신앙에서 부르는 신의 이름은 ~할매, ~각시, ~부인, ~공주 등 여성으로 부른다. 옥녀도 우리에게 풍요와 다산을 점지해 주는 여신이다.

학소대 바로 옆의 산봉이 옥녀봉이라고 하였다. 최근에 도로를 닦으면서 옥녀봉 아래로 굴을 뚫었다고 하였다. 도 선생은 옥녀의 가랑이를 뚫었으니……. 하고는 씨익 웃는다. 전설에서는 마을 처녀가 바람이 난다고 하겠지만, 요즘 시골마을에는 바람이 날 처녀가 없다고 하였다. 모두가 도시로 떠나가 버렸단다.

나는 안개 속에 숨어계시는 일연스님보다 부처님에게 모든 신의 능력을 뺏겨버린 옥녀에게 더 깊은 흥미를 느꼈다.

여신의 본업은 우리에게 풍요와 다산을 가져다 주시는 일이니, 마을 사람들이 모두 부자가 되리라, 그 복의 한 조각을 나에게도 나누어 주시기를 빌어본다.

스님은 말이 없으시고

영남문화회의 이번 답사의 주제가 삼국유사이다. 답사지는 군위군이다. 삼국유사를 집필하신 일연스님이 말년을 보낸 곳이 인각사라서 군위가 삼국유사의 고을이 되었다는 설명이다. 나는 삼국유사를 읽은 일은 있지만 깊이 공부하지 않았고, 일연스님에 대해서는 무지함으로 그러려니 하고 따라 나섰다. 아내와 나는 이 좋은 가을 날씨에 단풍으로 물들어가는 멋진 풍광이나 즐기자는 것이었으므로 삼국유사에도, 일연스님에도 깊은 관심을 두지 않았다.

안내자는 일연스님의 광팬이었다. 안내자에 의하면 일연스님의 말은 역사이고 사실이고 진실이다. 일연 스님이 집필하신 삼국유사를 의심해서는 아니 된다. 삼국유사에 낙동강 가에 있는 모든 부족국가가 가야라고 하였는데, 고령 가야만이 가야라는 제도권의 주장은 얼토당토 않다고 말한다. 가야는 락가라는 말의 뜻이고, 가야는 락강의 가라는 뜻이란다. 해석은 근사한데 사실인지는 모르겠다. 이번 답사에는 소위 제도권이라는 대학에서 사학과 교수로 봉직하셨던 분이 두 분이나 계셨지만 묵묵무답이다. 나야 그쪽에는 아는 것이 없으니까 입 다물고 있어야겠지만, '글쎄다' 싶은 생각이다.

이럴 때는 일연스님이 한 마디라도 해주신다면 더할 나위 없으련만, 낙엽을 떨구는 가을 바람 소리만 들려올 뿐 조용하기만 하다.

"일연스님이 세상에 떠돌아다니는 이야기를 주워듣고 쓰신 것이 아닙니다. 일일이 고증을 하고 나서 쓴 책입니다."

"요즘 사람들이 무식해서 멋대로 설명하고 해석을 해버린다고요. 비석 글씨를 잘못 읽고 스님의 속성이 김씨라면서, 얼마 전에 경주 김씨 문중에서 일연스님을 선조로 모시는 거창한 행사도 하였습니다. 김씨가 아니에요." 단호하다. 우리는 그냥 듣기만 했다.

인각사에서였다. 요즘 사람들이 무식하다는 그의 주장은 더 튼실한 날개를 달았다, 비문에 전씨를 김씨로 잘못 표기하였다. 전씨로 바꾸려 문화제청에 청원을 몇 번이나 넣었고. 벌써 몇 년이 지났는데도 그렇다, 아니다, 라는 대꾸가 없다면서, 우리나라의 문화를 총괄하는 문화재청까지도 무식하기는 마찬가지이다.

문화회원들 모두 듣기만 한다. 나도 입을 나물고 듣기만 했다. 지금의 잣대라면 나는 무식하기 때문이다. 비문에 나오는 이름까지도 잘못이란다. 문화회원이 조용한 이유는 전씨일런지도 모른다. 아니면 비문대로 김씨일지도 모른다. 그러나 고증의 방법이 없으니 입을 다물 수밖에 없다. 우리나라 사람은 성씨를 바꾸는 일에 아주 민감하다. 자신의 뿌리가 뽑혀지기 때문이다. 그런데도 스님으로부터는 아무 말도 들려오지 않는다.

우리가 세상을 살면서 '도'일 수도, '개'일 수도 있는 일이 부지기로 많다. 그럴 때는 입을 다무는 것이 상책이다. 요즘은 매스컴이란 것이 절대 신이 되어서 자기 주장만 되풀이 하고 있고, 밥 먹고 사는 우리 중생은 세상만사가 돌아가는 이치까지 알아야 할 필요가 없다. 답을 모를 때는 중생은 입 다물고 있는 것이 제일 좋은 처신이 아닌가.

인각사의 주인이신 일연스님도 비석 앞에서 떠드는 우리의 말을 듣고 계실까. 바람소리만 절 마당을 휩쓸고 지날 뿐 스님의 말씀은 어디서도 들려오지 않는다. 나는 삼국유사도 토속신앙보다 불교가 더 권위가 있고, 용하다는 것을 나타냈을 뿐이라고 믿는다. 나쁘게 말하면 불교의 선전책자라고 할까. 불교 스님이신 일연스님으로서야 지극히 당연한 일이 아닐까. 삼국유사가 유명하신 일연스님의 저술이라고 하여 우리가 무조건 믿고 따라야 할까. 스님, 그래야만 합니까. 물어보았지만, 이 또한 어디서도 대답 말씀은 들려오지 않는다. 어쩌면 고연놈이라 하실 듯도 한데 여전히 말씀이 없으시다.

나는 이런 생각을 해보았다. 스님의 속세 성씨를 두고, 이러쿵저러쿵 떠들고 있어도 안개 속에 숨어서 아무 말씀도 않는 것은, 그게 무에 그리 중요해, 내가 전가면 어떠하고, 감가면 어떠하리. 나는 이미 속세의 연을 끊은 사람이 아닌가. 내가 속세의 헛되고 헛된 짓에 소중한 시간을 빼앗겨야 하겠는가. 꾸짖을 것 같구나.

괴물 시인(고은)이 일연스님을 찬양하는 시를 새긴 비석도 인각사 마당에 떡억 버티고 있다. 안내하시는 분은 우리를 그 시비 앞으로 데리고 갔다. '요즘 욕을 좀 먹기는 하지만, 그래도 이렇게 유명하신 시인 분이 일연스님을 찬양하는 명시입니다.' 이런 분이 찬양하셨으니, 우리는 그 분의 시 읽기와 설명도 한참 동안 들었다. 나도 눈치껏 소리를 죽이고 들었다. 그러나 내 속 마음은 부글부글 끓었다. 저런 자가 칭송한 시를 썼다면 스님에게는 도로 욕된 일 아 아닐까 싶지만, 당사자인 스님이 조용하신데. 내 생각이야 아무 것도 아니지.

나는 이러쿵저러쿵 말할 처지야 아니지만, 평소에 괴물 시인을 아주 나쁘게 생각하고 있었으므로, 안내분의 자금까지의 말들은 그래도 내 마음에 한줌이나마 남아 있던 신뢰마저 날려버린다.

그 시인이 더 마음에 드는지, 내 고약한 마음이 맞다고 생각하는지, 스님은 여기서도 말씀이 없으시다. 가을을 싣고 오는 바람 한 줄기만 내 귓가를 스쳐갈 뿐이다.

(참고로 말하자면 성주 지방의 고대 국가는 가야국으로 분류하지 않는다. 발굴을 해보니 출토품이 가야 양식이 아니고, 신라 양식이었기 때문이다. 안내하시는 분은 이 점을 가지고, 현대 고고학자들이 무식하기 때문이라고 하였다. 일연스님이 가야라고 하면 그냥 가야라는 것이다.)

有文村 이야기

내가 어릴 때 어머니는 곧잘 증조 할아버지의 이야기를 했다. 어머니도 시어머니에게서 들었다는 이야기이니, 아마도 조선이 끝날 시대 즈음이었으리라. 하여간에 글을 읽을 줄 아는 사람이라고는 없는 시골 마을에서 증조부께서는 향교의 전교도 하셨고, 서당 훈장도 하셨다니 마실에서 글을 읽을 줄 아는 유일한 선비였다. 마을 사람이 사성지를 보낸다든지, 제문을 지어야 한다든지, 글을 써야 할 일이 있으면 쌀 됫박을 들고 찾아와서 글을 받아 갔단다. 할아버지를 길에서 만나면 옆으로 비켜서서 고개를 숙이고 '전교 어른'이라며 인사를 올렸다나.

그러나 뒷이야기도 들려주었다. 농사일에는 손끝도 까딱 않았다. 허름한 차림을 한 선비라는 사람이 찾아와서 사랑방에 머물곤 했다. 과객이라고 하는 사람이 오래 머물 때는 한 달을 꼬박 채우기도 했다. 그럴 때는 빨래도 해주었다면서 시어머니는 고개를 절래 절래 흔들더라고 했다. 글 읽는 선비라면 과객의 글 실력을 따지지 않고 홀대해서는 안 된다고 했다. 마을 사람이 온통 까막눈이니, 글을 조금만 읽어도 공짜로 밥을 얻어 먹고, 이런저런 대접을 받았단다. '온 마실이 눈뜬 봉사에 무지랭이들이라서…….' 그 시절의 무문촌(無文村) 이야기이다. 그때가 증조 할아버지 때문에 좋았다는건지, 나빴다는 건지 어머니의 이야기로는 종잡을 수 없다. 어쨌거나 할아버지로서는 선비 대접을 받으며 손 끝 하나 까딱하지 않았으니 좋다고 해야할까. 그래서 글을 아는 척하였다고 할까.

남자가 일을 하지 않으면 노동은 순전히 여자 몫이 된다. 그래서울 엄마는 선비한테 시집와서 개고생을 하였다고 말하는 것일까. 어쨌거나 일을 여자에게 시키고 놀고 먹는 인간들이 (놀먹 인간)사는 동네를 그때의 유문촌이라고 하자. 여자들이 선비 서방을 만나면 개고생을 한다면서도 시집갈 때는 양반네를 찾는다니. 거 참. 앞뒤가 맞지 않는 삶의 태도를 조금도 이상하게 느끼지 않았다니, 해괴한 일이라고 해야겠다.

우리 고모님도 한 마디 거들었다. 그때 선비는 가난했어. 일을 하지 않으니 그럴 수밖에. 평소에는 아랫것들이라 천시했던 김서방네에게 장리 빚을 얻으러 가서는 김생원이라고 불렀다더라. 그때도 이미 글이 돈 앞에 고개를 숙였다고 하였다. 지금이야 더 말해 무엇하리.

어머니의 말을 듣다보니, 할아버지가 글을 안다고 무문촌에서 목에 힘을 주실 때에는 글을 아는 사람들이 모여사는 동네를 무엇이라고 하였을까. 유문촌(有文村)이라고 부르면 딱이다 싶다. 내가 직접 할아버지를 만나 뵙고 이것저것 물어보고 싶었다. 나는 할아버지를 만나러 상상이라는 은하 열차를 타고 시간 여행을 했다.

"할배요. 글을 아는 사람들이 모이는 곳은 없었습니까."

"왜 없어. 있었지. 항교도 있고, 서원도 있고……. 양반네들 집성촌에 가면 경치가 좋은 골짜기나 언덕에 정자를 지어놓고 글께나 안다는 저들끼리 모여 잡소리나 하면서 시간을 보냈지."

"할배요. 글께나 아는 사람들이 모이는 곳이니 유문촌(有文村)이네요."

"유문촌이라고, 그런 말은 없었어. 그런데 네 말을 듣고보니 그렇게 말해도 되겠구나."

할아버지는 긴 장죽대를 깊게 빨아서 연기를 훅 불어내더니,

"아, 글쎄다. 우리 경주 고을에는 양반 성씨라는 사람들이 자기들끼리 향촌 양반님네(향반)라면서 패거리를 만들어서 끼리끼리 모였다네, 너네 시대의 말로 하면, 스카이 출신이 목에 힘을 주듯이, 고을마다 목에 힘을 주는 성씨네가 있었지, 그들은 시도 짓고, 글을 많이 아는 척했으니까 유문촌 주민이라고 해야겠네. 우리 할배도 OO고을에서 군수벼슬을 했는데도 우리 이가는 아예 끼워주지도 않았어. 우리 이가는 그들 향반님들보다 한 끗발 낮았지. 조상덕을 보는 성씨는 패거리를 지어서 글을 많이 아는 자들이라고 뻐기었으니 그들 패거리를 유문촌 사람이라고 불러도 되겠네."

"할배요. 유문촌 사람들의 이야기도 좀 해주세요. 글을 많이 아는 자들의 패거리이니 행동거지가 무문촌 사람들과는 다르겠네요."

"암, 다르지."

유문촌 사람들의 글 실력이 얼마나 될까. 그들의 말투나 빼기는 태도로 가늠해보자면서, 할아버지는 이렇게 말했다.

"시골 서당에서 천자문 몇 자 배웠다고, 목에 힘을 주는 작자들이 무슨 문인(선비)이라고, 사실은 천자문도 올바르게 못 읽는 주제에 공자맹자를 입에 달고 유식한 척하는 꼴이람. 눈꼴이 시러워서."

할아버지의 말투에는 향반이라는 유문촌 사람들의 모임에 끼이지 못한 설움이랄까, 분노랄까 하는 것이 느껴진다. 할아버지 말대로라면 문학을 한다는 요즘 사람들이 패거리를 지어서 하는 짓들이 유문촌 사람들의 행동거지나 하나 다르지 않다는 생각이다.

문학이 무엇인지는 공부하지 않고, 유문촌 주민이 되면 문인이라 으스대고, 패거리를 지어 남이나 헐뜯는다, 오늘의 유문촌 사람을 고작 시골 고등학교 학벌이 지식의 전부라고 함부로 폄하하는 어느 문인의 말에 나는 화를 벌컥 냈지만, 어쩌면 그 말이 일리가 있어도 보인다.

할아버지의 말을 들어보면, 남의 집 장례식장에 가서 밤 놓아라, 대추 놓아라 간섭을 하다가 저네끼리 치고 받고 싸움질을 하는 일도 흔하였단다. 할아버지 말씀이 의례란 가가례라 하여 집집마다 다른데. 이 세상에는 자기가 아는 법도만이 있다는 듯이 고집을 부리다가 싸움으로 번진다고 하였다. 아이들이 호작질하듯이 먹물로 머리를 적시려면 차라리 먹물에 물들지 않고, 하얀 색깔인 무지랭이가 더 낫다는 말씀을 하셨다. 왜냐면 유식한 체하면서 쌈박질을 하는 짓거리야말로 무식의 소치이기 때문이란다.

요즘이야 글을 모르는 사람을 찾기란 낙동강변 모래 밭에서 동전

찾기보다도 더 어려운 세상이니 글을 읽을 줄 안다고 예전의 선비처럼 팔(八)자 걸음을 하면서 뻐길 수 없다. 그러나 문인(文人)이라면 대접이 달라진다. 사람들이 작가님이라면서 그냥 글만 아는 사람들과는 다르게 보아주니 말이다. 건조한 세상에서 사느라 삶의 향기가 사라져버렸다는 오늘의 우리 세상에, 그래도 문인이라면 글의 향기를 피운다는 믿음 때문이다. 글이 마르니 마음마저 말라버렸다고 믿고 있는 나로서는, 문인들이 사는 마을은 우리 시대의 이상촌이 아닐까. 나는 때때로 이런 이상촌을 상상한다. 세상이 메마르니 이상촌에서 살고 싶은 마음이 더 간절해서인지 지금의 우리 주변에 유문촌이 우후죽순처럼 생겨났다. 자기는 유문촌 주민이라면서 떠들고 다닌다. 그렇다면 향기가 나야 할텐데…….

나는 그래도 수필을 쓴답시고 우리 시대의 유문촌은 삶이 고달픈 사람들이 편히 쉴 수 있는 이상향이 되었으면 하는 마음으로 상상의 날개를 펼친다. 상상의 세계를 거닐면서 이상향에서는 이런 일이 일어나지 않기를 염원한다.

국가에서 노숙자에게 무료급식 하듯이 던져주는 돈으로 유문촌 살림을 꾸리겠다고 하지 말았으면 좋겠다. 유문촌 촌민이라면 무료급식에 매달지 않는 자존심만은 지켜야지 않을까. 유민촌의 운영비를 닷냥에서 일곱 냥으로 올렸다고, 운영비 안내기 운동을 벌리자는 주민도 있었다. 주민이라면 당연히 내야 할 마을 운영비를 내지 말자면서, 마치 정의의 투사나 되는듯이 목소리를 높이는 사람이 없었으면 좋겠다

그러자, 어디선가 의기양양한 목소리가 들려온다. 자존심이라고 하였습니까. 국가에서 주는 2000냥을 걷어차버렸으니까, 이만하면 자존심 하나는 인정해주어야지요. 모 문인단체에서 국가에서 상금조로 내려보낸 2000냥을 저네끼리 싸움질하느라 주는 돈도 챙기지 못하였다는 씁쓸한 이야기는 들었지만, 자존심을 지키느라 돈을 걷어찼다는 이야기는 처음 듣는 말이다. 유문촌에서는 싸움질하느라, 주는 돈도 챙기지 못하는 일이 부디 없었으면 좋겠다

명함에 유문촌의 촌장이라는 직을 박아서 들고 다니면 사람들이 부러워해준다. 촌장으로 뽑아주었더니 마을 일은 하지 않고, 마을 밖으로만 나돌아다니면서 명함 자랑만 한다고 비난하는 말을 들은 일도 있다. 촌장에게 잘 보여서 유문촌의 감투 하나를 얻으려고 안달이라는 말도 들었다. 유민촌을 위해 일을 하고 싶어서가 아니고 명함에 한 줄 새겨넣으려는 것이 이유라고 했다. 유문촌의 감투를 썼으면 으시대는데 사용하지 말고, 촌민의 살림살이를 잘 챙기는 자리가 되었으면 좋겠다.

저쪽에서 불만스럽다는 투로 투덜대는 말이 들린다. '문인은 옛날의 선비인데, 저질스럽게 돈 이야기를 입에 담다니요. 선비는 돈을 돌처럼 봐야지요. 자중하시오.' 나더러 자중하란다. 선비란 글을 읽고, 쓰는 사람을 말한다. 선비가 지녀야 하는 자세를 '선비정신'이라고 한단다. 선비니, 선비정신이라는 말을 들어보긴 했다. 그런데 왜 이리 낯설게 들릴까. 그래서 인터넷의 검색창을 통하여 선비가 무엇인지를 알아보았다.

자고로 선비란

공자, 맹자, 중용, 대학, 시경 서경, 역경을 읽어 사서삼경에 통달하고

인의예지, 예의염치, 충효경신, 정렴결백, 윤리오상 지켜가며

입신양명 위해 수신제가 하는 자니

위로는 임금을 받들고, 아래로는 백성들을 받들어서

나라가 위험에 처하면 공연히 목숨을 던지니

시대의 등불이요, 시대의 표상이다.

내가 선비의 위치가 아니라서인지 무슨 말인지 알아듣기 어렵다. 하여간에 공부를 많이 하라는 말인 듯하다. 그건 마음에 든다. 오늘의 우리 유민촌 주민들이 공부를 얼마나 하는지 모를 일이다. 입신양명이란 말도, 오늘이나 다르지 않은 듯하다. 그러나 방법론에서는 다르다. 수신제가를 하라고 했으나, 우리 시대는 수단과 방법을 가리지 말라가 더 맞을 것 같다.

솔직히 말해서 나의 수준 낮은 지식으로는 선비를 설명하는 말이 무슨 말인지를 알아듣지 못하겠다. 내가 어떻게 살아야 선비의 위치에 다가갈 수 있을지도 가늠이 안된다. 내 마음을 눈치챘는지 인터넷 검색에서는 선비를 또 다르게 설명하는 글을 보여주었다. 선비가 무엇인지를 솔직히 말해 보자면서 이렇게 소개하였다.

매화, 모란, 계월, 화전, 기생들을 희롱하고, 주색잡기 통달하고

동서남북 갈라치고, 색깔놀음 좋아하고, 이간질에 능통하여
입신양명 위해 수단방법 안 가리니
대인배인 척 하는 소인배, 대장부인 척 하는 간신배
백성들 앞에서 위선자
위선자에 더해 배신자
허울뿐인 허깨비요. 해괴망측 도깨비일세.

선비 평가가 이렇게 다르니 어느 장단에 춤을 춰야할지 헷갈린다. 웬지 나는 우리 문인들을 생각하면서, 자꾸 '허울뿐인 허깨비요. 해괴망측 도깨비'라는 말에 마음이 더 머문다. 어디서 또 비양거리는 말이 들린다. '이 친구야, 너나 마음을 잘 다스리소.' 가슴이 뜨끔하여 생각을 떨치려 머리를 흔들어 보았지만 마음이 개운치 않다.

글이란 읽는 사람마다 평가를 다르게 할 수 있다라고 하자.

평가 이야기를 하니, 우리 유문촌에서 있었다고 들었던 말이 생각난다. 어느 분이 유문촌의 어느 주민 글을 평가했나 보다. 그 평가가 글 주인의 마음을 상하게 하였었나 보다. 평가를 당한 주민은 화가 머리 끝까지 올라와서 평자를 보고 '야 이 **야, 너는 글을 얼마나 잘 쓴다고 남의 글을 깔아뭉개느냐.' 라고 했다. 내가 들은 말에 의하면 여기에 글로 옮길 수 없을 만큼 상소리가 난무하였다고 하였다.

평이란 태초에 하나님이 이 세상을 만들 때부터 있었던 일이다.

하나님이 자기가 만든 이 세상을 보고는 '보기가 좋더라'고 하였다지 않는가. 이 세상의 모든 일이 보기가 좋다면 더할 나위 없지만……, 하느님이 아닌 사람이 만든 세상이면 다르지 않을까. 평가란 사람마다 다르다고 했다. 나쁘게 평했다면 그건 그렇게 평한 평자한 사람의 읽기일 뿐인데, 화를 버럭 낼 일은 아닐 것이다. 다른 사람은 얼마든지 '보기 좋더라'고 평할 수 있는 일이 아닌가.

유문촌에서, 주민에게 주는 최고의 훈장은 '상'이다. 그러다 보니 유문촌에서 주는 상이 한두 개가 아니다. 최근에는 상 타는 일에 주민끼리 거의 이전투구식의 싸움질을 하였다. 싸움질이 너무 심해서 주민 전부가 다시 모여 회의를 한 일도 있었다. 나는 '이럴 바에야 상을 없애 버리지.'라고 말하였다. 이 말이 상을 탄 분의 심기를 건드렸나 보다. '상을 탄 사람은 그만큼 문학의 성취도가 높은 사람이고, 글을 잘 쓰는 사람인데, 문학의 성취도가 낮은 사람이 나이만 많아가지고 감히 이런 말을 해도 되는가. 이건 자기 분수도 모르는 꼰대짓이라는 것이다. 꼰대라는 말을 찾아보니 학교의 선생님, 또는 아버지 라는 뜻이 있다'고 하였다. 그렇다면 꼰대라는 말이 나쁜 의미만은 아닌 듯하다. 그래도, 꼰대라는 말을 들으니, '이이구 뜨거라' 싶어서 앞으로는 곤대 짓을 하지 않도록 조심해야겠다고 마음 먹었다.

그렇더라도 억울하다는 생각도 들었다. 내 생각이 삐딱하고 마음의 질이 상스러운 인간이라선지, 상상이 자꾸 엉뚱한 곳으로 간다.

분명한 것은 유문촌 주민이 글을 안다고 하여, 무문촌 시절의 선비는 아니다. 오늘에 상을 못 탄 사람이 상을 탄 사람애개 허리를 굽히고 읍하는 일은 없다. 무문촌과 유문촌 주민 모두 그냥 평등한 주민일 뿐이지, 주민을 '상'으로 수, 우, 미, 양, 가로 나누는 일이 바람직할까.

내가 또 쓸데없는 글을 올리고 보니, 글로서 글 많으니, 글쓰지 말아야 하는 건데, 이래서 유문촌이 시끄러운가.

차창 밖은

어둠이 깔리는 저녁 무렵에 아내와 KTX를 타고 서울에서 대구로 내려오는 중이었다. 아내와 대화를 나누었다. AI라고 말해지는 인공지능이 시도 척척 써낸다는 말에 '말도 안 되는 소리'라며 고개를 저었다. 시는 인간의 감성이 표출되는 것인데, 기계일 뿐인 인공지능이 어떻게 인간의 감정까지 표현해낼 수 있느냐는 것이다. 그러면 인공지능에게 시 한 수 지어달라고 부탁해 보자면서 아래와 같은 문자로 질문을 보냈다.

"차창밖은 어둠에 잠겨있고 하늘에는 별빛이 흐르네요.
옛날에 여자애와 밤길을 걷던 생각이 나네요.
시로 표현하고 싶습니다."

10초도 지나지 않아서 AI가 답을 보냈다.

"차창 밖은 어둠에 잠겨 있고
하늘에는 별빛이 흐르네요.
옛날에 여자와 밤길을 걷던
그 소중한 시간이 떠올라요.

함께 한 그 시간은 달콤한 꿈처럼 흘러가고
바람은 부드럽게 불어와
서로의 손을 잡았던 그때를 기억해요.

별들이 우리를 비추이던 밤
서로의 이야기를 나누던 그곳에서
우리의 마음은 하나였고
사랑의 노래가 울려퍼져요.

그리움이 가득한 추억들이
내 가슴을 감싸안고 있지만
여전히 그때의 따뜻함이
내 맘속에 남아 있어요.

차창 밖의 어둠과 별빛 사이
옛날의 밤길을 걷던 그 느낌
시간이 흘러도 변하지 않는
그 소중한 추억이여.

영원히 남으소서. ”

나는 AI가 보내 준 시를 읽으면서 연신 어! 어! 라며 놀라움을 토했다. 시인이 쓴 시보다 더 감성적이었다. 서정이 넘치는 훌륭한 시 한 편을 겨우 10초 만에 후딱 써내다니, 어떻게 받아들여야 할까. 아내도 놀라워 했다. 내가 시인들이 모인 자리에서 이 이야기를 하면서, AI가 보낸 위의 시를 읽어 주었다. 시인들도 눈이 휘둥그레 해졌다. 자기네들이 쓴 시보다 더 멋지게 감성을 담아냈다는 말을 했다. 그리고는 실제로 있었다는 사례라면서, 공모전에 이런 시를 제출하여 당선되었단다. 나중에 들통이 나서, 취소되고, 망신살도 뻗쳤다는 말도 했다. 그러나 AI가 쓴 시를 잡아낼 방법이 있는 것도 아니라고 했다.

지금, AI가 쓴 시를 다시 보니 짙은 감성으로 장식된 정서를 한껏 드러낸 문장으로 채워져 있다. AI가 표현한 서정성 너머에는 무엇이 있을까. 나는 머리를 굴렸다. 떠오르는 것이 없다. AI가 인간을 넘어서려면 서정성 너머에 있는 삶의 의미까지도 까발려주어야 하지 않을까? 금방 답을 찾았다는 듯이 인간의 삶을 경험하지 않은 자가 경험을 나타낼 수 있을까. 라며 빙그레 웃었다. 어디서 말소리가 들린다. AI는 경험하는 자가 아니고 상상하는 자이니, 경험이 아닌 상상의 세계만 담아낸다면 된다는 것이다. 나는 또 기가 죽었다.

나는 애써 그의 주장을 꺾으려 또 다시 반박을 해본다. 서정성으로 장식하여 나타낸 시 형식이더라도 뒤에는 인간의 선과 악이 깃들어있어야 한다. 경험은 없이 상상만으로 선과 악을 실감이 나도록 표현을 할 수 있을까.

차창 너머의 별빛이 흐르는 어둠 속의 길은 꿈속의 길만이 아닌, 선과 악의 싸움에서 어느 편도 들지 못하고 주춤거리는 우리의 모습도 나타나야 하지 않을까. 인간의 삶에 더욱 더 가까워지려면 선행을 했더라도 비참한 삶을 벗어나지 못하고 고통스러워하는 인간이 길 위로 걸어가야 하지 않을까. 그것이 차창 너머의 어둠이 상징하는 것이 아닐까. 서정성이란 아름답지 못한 우리의 모습을 아름답게 보이도록 장식하는 것이다. 우리는 차창 밖의 어둠을 바라볼 때 아름다운 사랑이 보이도록 느끼는 것은 아름다운 사랑을 가져 보지 못한 나의 착시효과일 뿐이다. 그러면 그렇지. 나는 착시에 속지 말자며 안도 하였다.

내가 AI에게 험담을 퍼붓는 소리를 그도 듣고 있었나 보다.

"고객님, 나에게 인생의 쓴 맛을 보여달라고 정보를 주시면 그런 시를 써드린다고요. 옳은 정보를 주시지는 않고 비난만 하십니까."

"……?"

나는 할 말을 잃었다.

가슴이 탁 터지는

차를 없앤 후로는 나는 인도(人道)와 아주 친숙해졌다. 퇴근 시간이라 차들이 신호를 기다리며 길게 서 있어도 관심 밖이다. 그러나 인도는 다르다. 보도볼록의 형태가 걸음걸이에 도움도 주지만, 울퉁불퉁한 보도블록은 걸림돌이 된다는 것, 특히 노인네들에게는 조심해야 할 대상이란 것도 알게 되었다.

인도와 차도와 다른 점은 인도는 사람만이 다니는 길이라는 것이다. 사람만이 다녀야 하지만 규칙이 있다. 오고, 가는 사람들이 뒤섞여서 서로 맞닥뜨리는 것을 피하려. 우측 보행을 하라는 것이다. 충돌이라도 일어나면 손해 보는 사람은 나처럼 나이 많은 노인네이다. 그래서 나는 우측 보행을 잘 지킨다.

나는 퇴근 시간 쯤이면 매일 김광석 거리에 있는 아내의 작업실까지 걸어간다. 3.5킬로미터 쯤의 거리라서 걷기 운동에 딱 맞는다. 사실은 40대부터 매일이다시피 박물관 산책로를 걸었었는데, 그걸 아내의 작업실로 바꾸었다. 집으로 걸으면서 돌아오는 시간에는 우리 부부가 함께 걸어온 지난날을 이야기 하다 보니 일체감이 느껴져서 부부사이가 좀 더 가까워진 느낌이다. 그래서 흡족해하면서 걷기를 한 것이 4년인가 아니 5년 쯤인지 모르겠다.

인도로 걷기를 한 것이 4-5년이면 그리 오래지는 않는데, 人道(걷는 길)의 풍속도도 세월따라 바뀌는 것을 느낀다. 우선은 나처럼 길만 보고 걷는 사람이 확 줄어들었다. 젊은이들은 으레 스마트 폰에 얼굴을 파묻고 걷는다. 저 앞에서 스마트 폰에 머리를 박고 걸어오는 사람이 보이면 슬며시 불안해진다. 내 앞에 바싹 다가설 때까지도 나와 그녀석이 서로 길을 비켜줄 생각을 하지 않는다. 내가 비켜 주어야 하나. 아니지 나는 규칙에 맞게 길의 오른쪽으로 걷잖아. 나이도 어린 네가 비켜야지 하면서 마음 속에서 퉁탕거린다. 왜 이러는지 모르겠다. 교양있게 늙어가는 방법 중의 하나가 '나이를 내세우지 말고 양보를 잘 하자.' 이다. 그런데도, 새파란 젊은 넘이 비켜가야지 늙은 내가……, 나는 법도를 지키느라 오른 쪽에 바싹 붙어가는데……. 이런 생각이 머릿속을 채우면서 내 길을 지키려는 고집을 고수한다. 그러나 한편으로는 부딪져서 넘어지기라도 하면 나이 든 내가 손해를 보잖아. 라는 생각도 한다.

젊은이들은 용하게도, 정말 용하게도 거리가 1-2미터 쯤으로 다가오면, 나를 피하려 옆으로 비켜선다. 그래서 폰을 들고 걸어오는 젊은이와 부딪친 일은 한 번도 없다.

또 하나는 킥 보드이다. 속도가 무척 빠르다. 내 곁을 휙 지날 때면, 더욱이 내가 흠칠할 때면 인도 타령을 한다. 교통법규에 사람만 다니는 길이므로 킥보드가 인도 위를 달리는 것은 위법이다. 그러나 위법이라며 단속하는 사람도 없고, 위법인 줄 알고 킥보드를 이용하는 사람도 없어 보인다. 킥보드를 타고 다니는 사람도 대부분이 젊은이이다. 얘들도 나를 들이박을 듯이 달려오다가 나와 가까워지면 옆으로 휙 방향을 틀어버린다. 역시 부딪친 일은 한 번도 없지만, 내 곁을 지나갈 때까지 마음이 조마조마해진다

조금은 위험도가 높은 탈 것은 자전거이다. 내가 자전거를 킥 보드보다 무겁게 말하는 것은 지난번에 자전거가 내 팔을 스치면서 지나간 일이 있었기 때문이다. 자전거를 애용하는 사람은 킥 보드보다 다양하였다. 젊은이가 많지만, 킥 보드 보다는 나이가 조금 많아 보였다. 여자도 꽤나 있었다. 드물기는 하지만 영감탱이들도 인도에서 자전거를 타고 가는 사람을 심심찮게 만난다. 이 사람들의 특징이라면 젊은이보다는 천천히 달린다. 그러나 나는 노인네가 자전거를 타고 천천히 오는 사람이 보이면 더 불안하다.

나이가 든 노인은 나처럼, 젊은이들이 비켜야지 하는 생각을 하는 듯하다. 그래서 내 앞까지도 똑 바로 달린다. 이럴 땐 나는 멈춰서서 자전거가 수월하게 지나가게 해준다. 자전거가 나를 스칠 듯이 지나가면 여기는 인도인데 자전거가 양보해야지, 라며 투덜거린다. 가슴이 꽉 막히는 답답함을 느끼는 일이 부지기수이고, 그럴 때마다 내가 고약해서인지, 내 답답함을 풀어 줄 사람은 내가 아니고 타인들이라고 남 탓을 한다 그러니 스스로 해결할 방법을 찾지 못하고, 가슴만 답답해 하나보다.

지난 젊은 날에 '가슴을 탁 터지게 하는 음료수'를 선전하는 문

구가 있었다. '환타'라는 음료수의 선전 문구가 '가슴이 탁 터집니다.' 이다. 탄산수의 작용을 멋지게 표현한 선전 문구이다. 나는 길을 걸으면서, 가슴이 탁 터지도록 하는 질서가 인도에서도 지켜졌으면 싶다

이 정도만 해도 가슴이 답답해지는데, 인도로 뛰어 오르는 것에는 오토바이도 있고, 심지어는 주차를 할 양으로 인도의 보행자를 한쪽으로 밀어붙이면서 꾸역꾸역 올라오는 자동차도 있다. 자동차는 사람이 가는 길을 막고서도 자기가 주인인 체 한다. 걷고 있는 내가 차를 피하려 곡예하듯이 걷는다.

그러나 무어니무어니 해도, 오토바이의 종횡무진한 질주는 단연 금메달 감이다. 요즘은 차들의 우회전에 많은 제약이 있나보다. 네 바퀴 차의 꽁무니에 붙어 있던 오토바이는 신호를 기다리기에 안달이 나서인지 부룽 하면서 인도로 튀어 오른다. 그러다가 다시 차도로 들어간다. 차도의 차들과 부딪치면 어쩌나, 공연히 내가 걱정한다.

그러다가 사고라도 나면, 텔레비전은 눈물을 짜내는 소식을 전한다. 집에서는 대학에 입학한 딸아이가 아버지를 기다리고 있는데, 딸의 대학 입학금을 마련하려 배달에 나선 아버지는 그만 애통하게도 승용차에 부딪쳐서……, 뉴스를 들으면 신호에 따라 차도를 달리던 승용차가 오토바이 운전사를 들이박은 듯한 뉘앙스를 풍긴다.

나는 내가 다니는 이 길에서 가슴이 탁 터지는 일이 일어나기 바

란다. 그러나 내가 가슴이 뻥 뚫리기를 바라듯이, 저 사람들은 또 느릿느릿 걸어가는 나더러 '어휴 저 노인' 하면서 가슴이 답답하다 하겠지.

내 멋대로 산다

대학에 다닐 때이다.

학교가 있는 도시와 방학이면 와서 머무는 고향의 농촌 마을은 전혀 다른 세상이었다. 방학 때면 고향 집에서 소에게 풀을 뜯기러 소를 몰고 산으로, 들로 돌아다녔다. 길에서 마을 어른을 만났다. 인사를 한다면서 '영감님, ……'이라고 하였다가 불벼락을 맞았다. '영감이라니 어디서 배워먹은 못된 말버릇이냐.'라는 것이다. 마을 어른은 그냥 꾸중하는 정도가 아니고 정말 화가 머리끝까지 치밀어 올라와 있었다. 나는 버릇이 없는 못된 놈이 되어서 호된 꾸중을 들었다. 그때 나는 전혀 다른 두 개의 세상이 동시에 존재한다는 것을 느꼈다.

내가 배운 지식으로는 영감이라는 호칭으로 불리어지려면 당상관 벼슬을 하거나, 오늘날에도 판,검사님이나 군수님이 되어야 붙이는 호칭이었다. 마을 어른을 한껏 높인다는 것이 내 생각이었는데, 그만 잘못되어서 심기를 건드렸나 보다. 그때의 나는 잘못했다는 생각은 조금도 하지 않았다. 시골 노인이라 무식해서 그런다고만 생각했으므로, 겉으로는 아, 예, 예, 하면서 잘못한 척했지만 속으로는 '이 무식한 영감탱이야.'라고 하였을 것이다.

일흔이 넘었다. 백수가 된 고등학교 동기들이 정기적으로 만난다. 말하자면 진짜 영감탱이들이다. 한 친구가 기분이 나쁘더라면서, 여행을 갔을 때의 이야기를 했다. '낯짝을 보니 자기나 나나 다르지 않던데, 나를 부를 때 꼬박꼬박 '어르신네'라고 하잖아.'라면서, '어르신네'라는 말이 듣기 거북하더라고 했다. '어르신네' 맞잖아.'라고 했으나. 맞는 것 하고, 부르는 것 하고는 기분이 다르다는 것이다. 우리 동기들은 교직에서 퇴임한 사람이 많다. 바뀐 세태를 이야기하면서 요즘의 학생들이 옛날과 다르다는 말을 많이 한다.

"젊은 아이들이 골목의 구석에서 담배를 피운다고 나무라면 안 된데이. 예전에는 우리가 다가만 가도 우르르 도망을 갔는데, 요즘은 빤히 치어다 보면서 희죽희죽거리니. 나무라기도 겁이 나더라."

"맞아. 그래서 나는 아예 못본 척하고 지나쳐버려."

"세상이 이러다가 어찌 될런지."

나는 젊은이에 대하여 그들만큼 관심을 두지 않는다. 교사 출신이 아닌 나는 그들보다는 젊은이와의 거리를 멀리 느끼는가 보다. 그러나 최근에 와서는 다른 일로 젊은이가 나의 신경을 긁게 한다.

노인들은 운동신경이 둔해진다면서 운전대를 잡지 말라고 한다. 운동신경이 둔하다고 자인하는 나는 승용차를 없애버렸다. 차가 없으니 걷는 시간이 많다. 사람이 다니는 길이 도보이고, 도로법으로는 탈 것은 다니지 못한다. 요즘의 법은 누더기가 아닌가. 오토바이는 말할 것도 없고, 자전거며 킥보드도 도보가 그들의 길이 되어 있다. 길을 걷는 사람도 스마트 폰에 얼굴을 박고 걷는다. 앞에 사람이 걸어오면 맞닥뜨리지나 않을까 하여 스마트 폰을 보지 않고 걷는 내가 그들을 보면 슬며시 겁이 난다. 다른 사람이 지키지 않으면 허사이기 때문이다. 그래서 나는 도보로 걸을 때는 우측 통행의 규칙을 더 철저히 지킨다. 그래도 불안하다. 달려오는 자전거며, 킥보드가 길의 좌우 쪽을 재주를 부리듯이 넘나들면서 달려온다. 더구나 폰에 빠진 사람이 나와 닿을 만치 코앞까지 돌진해온다. 사람도 자동차처럼 충돌 사고라도 나려나 두렵다. 그래도 나는 우측 통행은 지키고 있다. 용케도 그들은 나를 피해갔다.

내가 우측 통행을 고집하는 것은 범생으로 살아온 탓에 사회가 정한 규칙을 지키는 일이 몸에 배여서일까. 한 번은 할머니 한 분이 나와 맞닥뜨렸다. 나는 규칙대로 우측 보행을 하니까 법을 어기고 좌측 보행을 하는 할머니가 잘못이다. 늘상 해오듯이 계속하여 걸었더니 할머니도 길을 피할 생각을 않고 걸어왔다. 나와 마주치자 나는 피하지 않고 걸음을 멈추었다. 할머니도 멈추어서 1-2초쯤 서 있더니 할머니가 옆으로 피했다. 나는 그냥 걸으면서 '그럼, 그래야지'라고 생각했다. 임꺽정을 닮은 젊은이가 할머니처럼 내 앞에 멈춰서더라도 내가 길을 피하지 않았을까. 그건 모를 일이다.

젊은이들은 폰에 얼굴을 박고 오느라 내 앞의 1-2미터까지도 그냥 걸어온다. 신기한 것은 용케도 나와 부딪치지 않고 피해갔다.

내가 가장 많이 경험하는 것은 횡단보도를 건널 때이다. 나의 산책길에는 두 번 내지 세 번 은 건너야 하는 횡당보도가 있다. 신호등이 있는 길이다. 그러나 길이 좁아서인지 차가 거의 다니지 않는다. 차가 자주 다니지 않으니 신호를 무시하고 건너가는 사람이 많았다. 나는 못마땅한 기분이 되어서 어떤 사람이 신호를 지키지 않는지를 눈여겨보았다. 노인네였다. 그 중에도 할머니들은 신호를 지키지 않는 사람이 더 많았다. 오토바이 배달족은 100%가 지키지 않으니 따지고 말고를 할 것 없이 예외로 해두어야겠다. 그들에게는 신호등이란 아예 무의미하다. 간간이 힐긋힐긋 눈치를 보며서 건너는 아주머니도 있고……, 신호의 지시를 가장 잘 따르는 사람은 학생이고, 그 중에도 유치원 생이다. 신호를 지키지 않는 우리 노인네가 우리보다 신호를 더 잘 따르는 젊은이를 두고, '이놈의 세상이 앞으로 어찌될꼬'하면서 걱정하니 아이러니이다.

교사 출신의 친구들이 분노에 차서 떠드는 소리를 듣고, 또 나의 경험도 되살려 보면, 나는 서로 다른 두 개의 세계 속을 살고 있다는 기분이다.

아예 다른 두 세상 속을 살아가려면……, 내가 내린 답은 이도저도 아닌, '내 멋대로 살자'이다. 내 멋대로란, 내가 정한 규칙만을 따르자는 것이다. 신호등이 있는 거리에서는 나는 철저히 신호를 따르는 것이 내가 만든 규칙이다, 이것이야말로 신호를 지키지 않는 사람과는 다른, 내 멋대로 살기라고 생각했다. 내가 버티고 서 있는 데도, 신호등의 지시를 아예 무시하고 건너는 사람을 보면, '저런, 저런.'하고 속으로 혀를 찼다. 기분이 나빠지는 것을 보니 '내 멋대로 살자'라는 나의 신조가 무색해진다.

'내 멋대로 사는' 참된 방법을 드디어 찾았다. 앞으로는 다른 사람에게는 일체의 주의와 관심을 가지지 말자. 그는 그이고, 나는 나이다. 그렇게 생각하니 오토바이가 인도 위를 쌩- 하고 달리더라도, 할머니가 차가 오거나, 말거나 느릿느릿 횡단보도를 건너도 나는 관심을 가지지 않기로 했다. 그들은 나와 다른 세계에서 살고 있는 사람이다. 나는 두 개의 다른 세상에서 어지러움을 느끼지 않는 방법으로 하나의 세상만을 선택했다. 바로 남들과는 다른, '내 멋대로 살기'로 하는 세상이다. 남이야 신호등의 지시를 따르거나 말거나 관심을 가지지 않고, 나는 내가 정한 규칙대로 신호등이 바뀌기를 기다린다. 자전거도, 킥 보드도, 할머니도, 심지어는 젊은이까지도 신호를 무시하고 길을 건너지만, 나는 바보가 되어서 신호가 바뀌기를 기다린다. 이것이 내 멋대로 사는 방법이다. 이렇게 사니 마음이 훨신 더 편하다.

옥녀를 기억하다

군위 인각사 앞에는 높이 솟은 바위 절벽 아래로 맑은 물이 흐른다. 까아마득히 높은 절벽 위로는 소나무들이 울울하다. 이곳을 학소대라고 하였다. 신성한 새인 학이 집을 짓고 머무는 곳이라는 뜻이다. 학소대에 연이어 작은 산봉이 솟아 있다. 마을 사람들은 이 산봉을 옥녀봉이라고 불렀다. 옥녀는 마을을 지켜주는 수호신이란다.

도로를 만들면서 옥녀봉 아래로 터널을 뚫었다. 마을 사람들은 옥녀의 사타구니에 굴을 뚫어 그녀를 화나게 하면 마을 처녀가 바람이 난다면서 반대했으나. 굴은 뚫였고, 마을에는 아무런 일도 일어나지 않았다. 요즘의 농촌 마을에는 바람날 만한 처녀가 없다는 것이 더 맞는 말일 것이다. 옥녀가 오히려 좋아하는 것이 아니었을까 하면서 마을 사람들은 농담까지 하고 있단다. 군위군 문화원장이 우리를 안내하면서 한 말이다.

그 산봉의 이름이 왜 옥녀인지는 아무도 모른다. 아주 옛날부터 마을 사람들이 그렇게 불렀으므로 자기도 옥녀봉이라고 부른다는 것이다. 아마도 옛날을 너무 오래 보관하다보니 세월에 씻겨 옥녀의 본래 모습은 잃어버렸으리라. 그렇더래도 지금까지 흔적으로나마 남아 있는 기억으로 옥녀라고 부른다면……, 우리나라 곳곳에 옥녀라는 이름을 갖는 산봉은 수없이 많다. 곳에 따라서는 전설을 만들어서 간직한 곳도 많다. 남해안 지역에는 동제를 지내는 여산신의 거처지라는 곳도 많다. 이런 것들을 모아서 가로세로로 줄맞추기를 해보면 잃어버린 옥녀의 모습이 어렴풋이나마 떠오르기도 한다.

옥녀는 왜 우리에게서 흔적이긴 하지마는 기억으로 남아 있을까. 기억해두어야 할 만큼 중요한 여인이었기 때문이어서 라고 생각해 보았다.

지금도 옥녀를 산신으로 모시는 곳이 있다. 마을 사람이 함께 제사를 올리면서 정중하게 신으로 받든다. 그러나 대부분의 지역에서 옥녀는 한낱 인간의 면모를 한 여인으로 낮추어서 마을의 처녀정도로 기억할 뿐이다. 더욱이 성적으로 이리저리 얽혀있어 재미있는 이야기거리를 세공하는 여인으로만 전해진다.

나의 고향 고을에도 신라시대가 배경인 유명한 전설이 전해지는 곳이 있다. 옥문지(玉門池) 전설이다. 신적인 의미를 지닌 듯하면서도 성적인 이야기로 각색되어진 내용이다. 그러나 옥(玉)은 귀한 여인의 상징이니 옥녀도 아마 신분이 높고 귀한 여인이었으리라. 흔적으로나마 찾아가보면 여신이었으리라고 한다.

세월이 흐르면서 시대의 가치관도 바뀌었다. 시대의 가치관과 맞지 않으면, 폐기해버리거나, 겨우 흔적으로 남아서 기억의 구석자리에 몸을 웅크리고 있는 것이 현실이다. 시대의 가치와는 맞지 않는 이야기이다 보니 떳떳하게 보관할 가치가 없다는 거다. 그런데도 우리는 옥녀 이야기를 많이 간직하고 있다. 왜 일까. 편리만을 쫓는, 논리적이고 이성적인 것만을 쫓는 현대의 우리 삶이 자꾸 허하게 느껴지는 탓이 아닐까. 아무짝에도 쓸데 없다는 옥녀 이야기는 우리의 허해지는 마음을 메워 주기 때문이 아닐까.

따져보면, 옥녀는 전설이나, 신화에서 나오는 먼먼 옛날의 여인이고, 고귀한 신분의 여인이고, 성생활도 즐겼던 여인이었다는 것이다.

대학교 일학년 때부터 마나는 친구들은, 이제는 만나는 햇수가 60년 이상이나 된다. 세월따라 이야기 내용도 많이 달라졌다. 젊은 날에 나누었던 이야기들은 무슨 말을 나누었는지 기억 밖으로 사라진 것들이 많다. 그리고 직장 생활 때, 결혼하여 가정을 꾸리고 아이들을 키울 때도 많은 이야기를 나누었지만, 나의 현실에서 밀려나 버린 탓에 지금은 기억으로 떠오르는 것이 별로 없다.

이제는 모두 죽음을 멀리 두지 않은 나이의 노인이 되었다. 이야기의 내용들은 언제나 우리 시대의 이야기이다. 노인들 또한 뻔한 이야기를 나눈다. 노년의 건강 이야기, 죽음, 아들 등등, 이제는 손자 이야기도 끼어든다. 그런데도 이상하게 어머니 이야기를 자주 하게 된다. 어머니도 희미해져 가지만, 옥녀 이야기처럼 없어지지는 않는다.

친구가 어머니의 제사 이야기를 꺼냈다. 우리 모두 어머니를 떠나보낸 지가 수십 년이고, 우리가 모셨던 제사들은 거의가 아랫 대가 제주가 되어 있다. 그들은 어머니가 아니고, 할머니이다. 또한 우리와는 다른 시대를 살면서 다른 가치관을 가진 세대이다.

친구가 말했다.

"아들이 벌써 10여 년 전부터, 아버지요. 제사를 꼭 지내야 합니까. 라는데. 예전에는 무슨 소리냐며, 호통을 쳤지만, 시대가 바뀌었다니, 이제는 아들에게 호통치던 내 목소리도 점점 힘이 없어져 간다네."

우리는 침묵했다. 신이었던 옥녀도 시대가 바뀌니 한낱 성적 대상의 여인으로 추락하였는데, 시대가 그렇다는데 내가 모시지도 않는 제사를 강요하기도 그렇고……. 아들도 아예 없애자는 것이 아니고, 제사와는 다른 방법으로 할머니를 추모하는 방법을 찾자는 것이라고……, 현실적인 이유를 논리적으로 또박또박 꼽는데는 무조건 반대하기도 그렇더라고 했다.

왠일인지, 나는 노년이 될수록 어머니가 더 그립다. 어떻게 하든지 어머니를 기리고 싶지만 어머니의 제사가 장조카의 손으로 넘어 간지 모래다. 요즘은 점점 제사를 없애는 추세이니만큼 아들도 아닌 장조카더러 이러쿵저러쿵 말할 처지도 아니다. 옥녀처럼이라도 기억 속에나마 남아있도록 할 방법을 찾아야할 텐데…….

글쎄다. 내 글에 어머니 이야기를 많이 담아두는 것도 방법이 될까. 책에라도 담아두면 전설의 옥녀 이야기처럼 흔적이라도 남아 있지 않을까.

인간의 삶이란 어느 세대이든 외로움도 있고, 마음이 텅 비어버린 듯한 절망감을 느낄 때도 있다. 그때마다 어머니는 나를 어루만져 주었다. 내 책에 잘 모셔두면 후손들에게 옥녀처럼 허한 마음을 메워주는 역할을 할 수 있지 않을까. 그래서 나는 어머니 이야기를 글로 써서 남기려 한다.

어머니는, 옛날의 옥녀처럼 나에게는 여신이시다.

고궁 박물관

딸아이 부부가 효도 관광이란 말을 꺼냈을 때 손사레를 쳤다. '늙은이에게 멀리 집을 떠나자는 것은 효도가 아니야, 집에서 편안히 쉬도록 해주는 게 효도야.' 그러나 딸아이가 고궁 박물관 답사라고 하였으므로 내 마음이 움직였다. 딸아이는 애비의 마음을 잘 알고 있었다.

예전에 고궁 박물관도 함께 다녀왔다. 곽희의 '조춘도'가 수장되어 있다는 것을 알고, 고궁 박물관에만 가면 볼 수 있는 줄 알았다. 아니었다. 조춘도는 너무 귀한 작품이라서 함부로 전시하지 않는다는 말만 듣고 돌아왔다. 그때가 2006년이니, 벌써 18년 전이다. 지금도 조춘도를 함부로 보여주지 않는다. 딸아이는 고궁이 수장하는 옥기며, 청동기, 도자기의 특별전을 가지는 중인데, 평소에는 보여주지 않는 것들이고, 며칠 만 지나면 작품 전시가 끝난다고 하였다. 내가 즐기는 회화전은 아니더라도, 특별전이라니 책에서만 보았던 국보급 명품을 볼 수 있는 좋은 기회라 싶어서 마음이 열렸던 것이다.

의원이라는 직업은 정서적으로 매마른 업종이다. 취미 생활을 할 만큼 시간도 마음도 여유가 없었다. 하루 내내 실내에서 보내야 하고, 환자가 없으면 방에 앉아서 멍히 천정을 바라보면서 시간을 죽인다. 그때 심심풀이로 그림책을 뒤적였다. 심심풀이란 그림을 폄하하자는 것이 아니고, 깊은 관심을 가지지 않은 채 그냥 시간이나 때우려는 심사였다는 것이다.

이성적 사고로 훈련된 내 머리로는 동양화를 이해할 수 없었다. 우리가 학교에서 서양화를 공부하였던 과학적 시선으로 보면 그림의 구성부터, 표현까지 모두가 엉터리였다. 그때 우연히 허영환 교수가 쓴 '東洋畵 1000년'이란 책을 통해 곽희의 '조춘도'를 만났다. 도저히 이해도, 납득도 안 되었던 동양화의 구성 원리며, 사유의 세계를 허영환 교수는 차근차근 풀어주었다. 책을 읽고 나니 동양화는 우리가 과학적으로만 바라보고 있는 현실 세계에서는 도저히 닿을 수 없는, 무한한 상상의 세계로 데려다준다는 것을 알았다. 아하, 이것이 동양화의 묘미구나. 그 이후로 나는 동양화에 빠져들었다. 과학이라는 종교에 매몰되어있던 나는 신비로움으로 가득한 또 다른 세상으로 나의 시선이 옮아갔다고 할까. 미술 공부가 어느 사이에 나의 취미 생활 안에 들어와 있었다.

종종 '선생님은 왜 그림을 좋아합니까?' 라는 질문을 받지만, 나도 그 이유를 명확하게 말하지 못한다. 왜 인지 이유를 못 대면서도 미술책을 사 모았다. 미술책은 일반적으로 원색 도판의 그림이 들어있으므로 무척 비싸다. 그 비싼 책을 왜 사는지를 나도 모른다는 것이다. 그냥 사고 싶은 마음이 안개처럼 피어나서 나를 꼬드기면 그 유혹을 쉽사리 뿌리치지 못했다.

미술책을 사 모우면서 숱한 일화를 만들었다. 한문으로 된 책은 내가 읽지 못했다. 그런데도 책을 사겠다고 고집을 피우는 나를 아내는 도저히 이해가 안 간다면서, 나와 여러번이나 말다툼을 했다. 읽지 못하는 책인데도 사야 하는 이유를 아내에게 속 시원히 설명하지 못하면서, 비싼 돈을 들여 중국에 주문까지 하였으니, 아내도 속이 뒤집어졌을 것이다. 이런 일화들이 한두 번이 아니다.

하나만 이야기하자면 중국 여행길에 서점에 들러서 중국화를 시대별로 수록한 30권짜리 미술전집이 있다는 것을 알았다. 수록된 작품의 양도 어마어마하게 많았지만, 분야별로 체계적으로 정리해 두었다. 글로만 소개하고, 작품은 볼 수 없었던 숱한 그림들이 실려 있다고 안내서가 소개하였다. 우리의 백화점만큼이나 큰 서점에 30권 중에 겨우 5권만 비치되어 있었다. 전질 30권을 모두 사 모우는데 5년이나 걸렸다. 30권 전질을 갖추었을 때의 즐거움이란……. 책을 사기가 어려운 만큼 이 책의 완질을 갖춘 한국 사람은 나 뿐이리라는 자부심으로, 하늘을 날아갈 듯한 기분이었다. 뒤에 서울의 모 대학의 동양화과 교수가 갖고 있다는 말을 듣고, 실망했던 일을 생각하면 책을 사모은 이유가 공부 때문이 아닌 셈이다. 부끄럽다. 책 사모우기는 공부가 목적이 아니고, 멋을 내려는 것이었음이 나 스스로에게 폭로되었기 때문이다. 어쨌거나 지금 노후를 보내면서 가장 많이 서가에서 꺼내는 책이 그 책이다. 멋이나 내려했던 내 심보가 이제는 공부삼아 책을 뽑아드니 늦었지만 옳은 길을 찾았다 싶다.

내가 5년이나 걸려서 중국회화 전집을 완질로 갖추고 나서 흡족함을 느꼈다는 것은 책을 사는 목적이 공부가 아닌 걸로 변질되었다는 것이다. 그때, 중국 서적을 전문으로 다루는 업자를 알게 되었다. 그분은 수시로 나에게 전화했다. 이번에 중국에서 무슨무슨 미술 또는 문화 전집이 나왔습니다. 그분을 통해서 화상석 전집이니, 대만 고궁박물관 소장 미술품 전집이니, 중국 무덤 벽화 전집이니 하는 등등이, 중국서 출판되면 1-2년 만에 나의 서가에 모셔졌다. 그 책을 손에 넣을 때마다 한국에서 이 책을 소장한 사람이 극소수일 텐데, 내가 그 중의 한 명이라는 생각으로 짜릿한 쾌감까지 느꼈다. 책을 비싸게 구입하고서도 서가에만 꽂아두고 거의 펼쳐보지 않는 책들이 점점 많아져 갔다. 책을 소유하는데 만족을 얻는, 나는 읽지도 않는 비싼 전질의 책을 서가에 꽂아두고 뻐기려 하는 전형적인 속물로 바뀌어져 있었다.

멋 부리기나 뻐기는 일을 지속하려면 재미의 즐거움이 따라와야 한다. 재미를 느끼려면 나를 부러워하는 사람이 있어야 한다. 그때 내 주변에서 중국 미술사 책을 사서 모우는 일을 부러워하기는 커녕 관심을 가지는 사람도 없었다. 대부분의 사람들은 남의 일에는 관심을 가지지 않는다는 것을 알고는 나의 우쭐하던 기분도 식어갔다.

그렇더라도 내가 미술에 흥미를 가지고 서가에서 읽을 수 있는 미술 책을 꺼내어 뒤적이는 일은 계속하였다. 영남대의 이장우 교수가 정년퇴임을 하시고, 한문 공부방을 개설하자 나는 거기에 나가서 한문 공부를 하였다. 한문 공부를 하면서 서가에만 꼽혀있던 미술 책에도 자주는 아니지만 내 손이 갔다. 사전을 펼치고, 지레짐작으로 멋대로 해석도 하면서……, 어차피 미술 책은 글 읽기보다는 그림 보기가 우선이다 보니 읽지를 못하더라도 책을 꺼내는 일이 잦아졌다. 이럴 때는 다른 사람을 의식하지 않고, 순전히 나의 즐거움을 위해서 책을 읽었다. 그림책에서 얻는 즐거움은, 오랫동안 나의 속물주의가 아니꼬와서 밖으로 나들이를 갔던 즐거움이 다시 나의 안으로 찾아왔다. 예전과 달라진 것이라면, 이제는 다른 사람의 관심 따위에서는 한 발 물러선 것이다. 순전히 나만의 즐거움을 위한 책 읽기였다.

더 반가운 일은 오로지 남에게 자랑하고 싶은 마음으로 구입하였던 책들이 이제는 나에게 즐거움을 주기 위한 것으로 바뀐 것이다.

요즘은 미술 공부방에서 공부를 하면서, 예전에 이 책을 구입할 때는 집사람이 '읽지도 못하는 책을 왜 사요?'라며 잔소리를 하였는데, 그 답을 지금하고 있다. '지금은 미술 공부의 둘도 없는 안내자이다. 이내도 요즘은 아무런 말도 않는다.'

이번에 딸아이 부부가 효도관광이란 말을 할 때 손사례를 치다가 따라나서기로 결정한 것은 '고궁 박물관'과 중국 미술이 연결되었기 때문이다. 세상을 살아보니 싫다, 좋다를 함부로 말해서는 안 되구나 싶다.

4부

동네 오빠의 자전거 뒤에 타고 / 두 스승
퍼즐을 맞추다 / 백신애 문학관 답사기

동네 오빠의 자전거 뒤에 타고

문학에서 사람이 살아온 일생을 다루면 응당 소설이려니 한다. 그러나 현실에서 살고 있는 인간의 삶을 그리는 글은 소설이기보다는 수필에 가깝다. 소설은 허구이고, 수필은 사실은 아니더라도 진실을 찾아가는 글이기 때문이다. 그래서 어느 여인의 삶을 소재로 글을 써본다. 나는 수필이라면서 써본다.

산 언덕은 경사가 완만하고 산 비탈에 초가 여러 채가 비비듯이 붙어있다. 동네의 끄트머리 쯤에는 칙칙한 지붕의 와가도 한 채 있다. 마을에서 내려다보면 맑은 물이 흐르는 개울이 산 계곡을 빠져나와 구불텅거리면서 점점 넓어지는 들녘의 가운데로 흘러간다. 개울의 둑이 길이다. 자동차가 다니기에는 비좁아도 자전거는 쌩쌩 달릴 수 있다. 둑 아래로는 비니루 하우스도 보이고, 움막인지, 농막인지, 헛간채도 보인다. 산골짜기 쪽으로 조금만 올라가면, 개울도, 들녘도 골짜기 안으로 빨려들어가서 시야에서 사라져 버린다.

들녘은 청보리의 푸른 색에 묻혀서 비단결처럼 윤이 난다. 물감을 칠한 듯 맑고 깨끗하고, 아름답기만 한다. 개울을 따라 눈길을 아래로 보내면 저 멀리 시멘트 다리가 햇살을 받아 반짝인다. 꽁무니에 먼지를 달고 달려오던 버스가 하루에 서너 번씩 다리를 넘는다. 더 아래로, 더 멀리멀리 뻗어있는 신작로는 마을 처녀들의 가슴을 설레게 해준다. 종일, 동네는 침묵 속에 가라앉아 있고, 버스가 다리를 건너는 하루의 몇 번 쯤은 처녀들이 한껏 상상을 펼치는 시간이기도 하다. 버스의 종착역이 바로 그들의 꿈이 달려가서 머무는 곳이다.

우리 모임은 10년도 더 오래 이 식당에서 월례회를 하였다. 식당의 여사장은 고향 이야기를 할 때는 그냥 평범한 아줌마이다. 10년 넘어 이 집에서 모임을 하다 보니 우리는 이 집의 여사장과도 친구처럼 가까워져서, 그녀는 우리 앞에서 별별 이야기들을 다 털어 놓는다. 우리가 손님이기보다는 뭐 오빠들 같다나. 우리 모임의 회원들이 바로 시골 출신이라서 그런지 모르겠다.

그러나 저쪽 구석에서 술을 마시는 남사가 술주정을 하느라 식탁을 치면서 버럭버럭 소리를 지를 때면, 아줌마는 사각 링 안의 격투기 선수처럼 투사로 돌변한다. 목소리가 높아지고, 말도 쌍스러워진다. 나는 그럴 때마다 포효하는 한 마리 늑대를 본다. 두려움마저 느낀다. 내 친구는 '이 장사를 해서 아이를 대학까지 보내려면 성질이 더러워야 한데.'라며 대수롭잖아 하였다.

그래도 우리들의 모임에 끼어들어 조곤조곤 이야기를 나눌 때는 영락없이 시골 아줌마이다. 모임의 회원들도 아줌마의 이야기 듣기를 좋아한다. 아무리 시골 아줌마 티가 난다고 해도 정숙한 부인네들의 말씨와는 다르다. 말투가 약간 쌍스러우니까 더 재미있다고 한다. '모임에는 여자가 끼어야 재밌데이, 남자들끼리만 모이면 재미가 없잖아.' 우리가 흔히 하는 말이었다.

아줌마의 이야기라고 해야 할까. 넉두리라고 해야 할까. 시시때때로 시골에서 살던 시절의 일을 꺼낸다. 아마도 지금의 고단한 도시 생활을 탈출하는 방법이었는지도 모른다. 그래서 시골은 향수가 되어서 생각이 더 간절해지나 보다. 향수에 젖을 때라야 지금의 고달픔을 잊을 수 있기 때문이리라.

"나더러 왜 대구로 나와서 이 고생이냐고들 하는 사람이 많아. 농촌생활이 너무 지루해서. 시골에서 살아보라지, 얼마나 갑갑한지. 숨이 턱턱 막힌데이……."

그건 농촌 마을에서 청,소년기를 보낸 나도 느꼈던 일이다. 시골은 침묵이고 정적이다. 천길 물속처럼 소리가 없다. 물론 바람소리, 개울물소리는 들려오지만 고요 속에 착 가라앉아 있어, 햇총각, 어린 처녀의 마음을 깨워내지는 못한다.

"재미라고는, 개울 둑 아래의 농막에서 마을 처녀, 총각들이 어른들 모르게 만나서 키득키득거리는 일 뿐이야."

우리의 아줌마 사장님이 깔깔대면서 하는 말이었다. 그리고 잠시 침묵했다. 아마도 옛 그때가 그의 미릿 속을 스쳐가는지 모르겠다.

초갓집의 얕은 담너머로 들녘을 내려다보면 유독 그 농막이 뚜렷하게 보였다. 동네 오빠들이 나름대로 멋을 내면서 모여들고, 중학교를 갓 졸업하고 집에만 들이박혀 지루한 시간을 죽이는 어린 시골처녀는 농막을 바라보면서 이런저런 공상에 젖어보는 것이 즐거움이기도 하였다. 그래서 움막이나 다름없던 그 농막이 더 또렷한 모습으로 떠오른지도 모른다.

그때, 자전거를 가진 동네 오빠가 자전거를 타고 개울둑길을 따라 쌩생 달리면 정말 멋있었다. 그 이야기를 할 때면, 우리도 농삼아서 '그 오빠 좋아했구나' 말을 건네본다. '놓아하긴-' 인지, 아닌지가 애매하게 말한다. 정말 무슨 뜻인지 짐작이 안 되지만 우리도 굳이 알 필요가 없었다.

시골에 살아보면 정말 재미가 없어. 지루하고, 지루하고, 지루하고……, 어휴, 숨이 꽉꽉 막힌다. 그 때의 생각은 시골만 벗어나면 세상이 환하게 밝이진다고 믿었다니. 그래서 버스가 먼지를 날리면서 사라질 때마다 멍하니 바라보면서, 멋진 다른 세계를 그려보았단다. 머릿속에 선명히 떠오르는 것은 없지만, 하여간에 지금보다는 더 좋은 세상이리라 믿었단다.

시골서 학교를 다닐 때의 내 단짝 친구가 영업 때문에 아줌마의 식당을 자주 드나들었다. 그래서 시골 학교 모임의 회원인 우리들이 만나는 장소로 소개해 주었다. 나는 회징직을 맡고 있었으므로 식당 주인과, 아니 사장이라고 하자. 사장님과 말을 나눌 기회가 많았다. 더러 신세 한탄이랄 수도 있는 넉두리도 하였지만, 그렇다고 자신의 처지를 길게 타령조로 늘어놓는 성격이 아니어서, 그의 삶을 세세히 알 수는 없었다. 내가 아줌마의 이야기를 쓸려니 군데군데에 내 상상력으로 땜질을 하여 이야기를 이었다. 그렇다고 하여 내 이야기가 거짓투성이인 소설은 아니다. 왜냐면 내 글에는 사실과는 좀 다르더라도 그녀가 말하고 싶어하는 진실을 담고 있다고 믿기 때문이다.

이 말도 그 아줌마는 깔깔 웃으면서 하였다.

"매일 우리 동네 앞으로 먼지를 날리면서 달리는 버스를 타고 우리 마을을 벗어나니, 글쎄 대구에다 내려주지 않겠어."

"단봇짐을 쌌구나."

"단봇짐은 아니고, 그때는 시골의 앳된 처녀아이들이 도시에 돈 벌러 간다고 하여 부모님의 허락을 받고 도시로 나왔어요."

대구 변두리의 베짜는 공장에 가니, 또래 아이들이 많더라면서, 그 중에서 충청도에서 온 아이와, 강원도에서 온 아이와 친해졌다. 맨날 셋이서 어울려 다녔다고 했다. 여중을 졸업하고, 시골에서 박혀 있으려니 할 일도 없고, 돈을 벌 수 있다는 유혹도 강하였고……. 그래서 자기처럼 도시로 나가는 버스를 탄 애들이라고 하였다.

꿈 많은 처녀 시절을 섬유공장의 덜거덕거리는 소리 속에 묻어버렸단다. 간혹 맞이하는 휴일이면 셋이서 극장에도 가고, 동성로도 거닐어보았지만 백마를 탄 왕자는 어디에도 없었다. 그렇다고 돈이 모이는 것도 아니고, 아줌마 말대로 꽃다운 청춘이 의미 있는 흔적의 점 하나도 남기지 못하고, 햇살 속의 안개처럼 녹아버렸다.

나이가 많아지자 뿔뿔이 자기의 길을 찾아 흩어졌지만, 그래도 셋은 지금도 만나는 친한 친구로 남아 있단다. 그러고 보니 식당에서 친구라면서 인사시켜주던 여인이 생각난다. 그 여자가 셋 중의 한 사람이었었나 보다. 여 사장에 대해서 훤할 정도로 알고 있는 친구에게 사장의 친구라는 여자를 만났는데, 야, 어마어마하게 이쁘더라, 라고 했더니 씨익 웃더니 얼굴 값을 톡톡히 한다고 했다. 식당 아줌마에 의하면 처녀시절에 넘보는 남자들이 줄을 이었다나. 그 중에 돈 많은 남자를 선택하였는데, 글쎄다. 본 부인이 있더라지 않는가. 머슴아 하나만 덜렁 낳고, 샛방으로 밀려나 생활비라면 조금씩 주는 돈으로 아이와 함께 산단다. 재미있는게 작은 돈으로 살면서도 편하고 좋다면서 만족한단다. 내 친구는 그렇게 말하고는 성격 탓이겠지만 거, 참!' 이라고 했다.

'셋 중의 또 한 명은?' 나는 호기심이 생겨서 친구에게 물어보았다. '아, 강원도에서 왔다는 친구 말이지. 평범한 근로자 청년을 만나 결혼했는데, 형편이 어려우니 조그만 구멍가게도 내고 하였는데, 장사가 안 되어서 그것도 문 닫았다 하더라. 그렇게 그렇게 힘들게 살지 뭐, 공녀가 어떻게 공주가 되겠어. 식당 아줌마의 말이라고 했다.

나는 친구로부터 이 이야기를 듣고, 산업화를 겪으면서 우리 또한 시대의 변화라는 회오리속을 어떻게 오늘까지 걸어왔는지를, 어떻게 오늘의 우리가 되었는가를 잘 보여주는 좋은 모델이라는 생각이 들었다. 그래서 이 세 여인을 주인공으로 하여 멋진 소설을 쓰고 싶었다. 그러나 그건 그냥 나의 꿈이었고, 자금까지 시도도 하지 않았다. 내가 지금, 식당의 여사장을 모델로 긴 수필을 쓰려는 것도 그 때문인지 모르겠다.

그러고 보니, 이 글의 주인공인 식당 사장 아줌마 이야기를 하다가 옆길로 빠진 듯하다. 적극적인 성격인 탓에 백마 탄 왕자가 찾아오기를 기다리지 않고, 발벗고 신랑감을 찾아 나섰다. 근로자가 아니고, 사무실에 앉아서 근무하는 월급쟁이를 찾아냈다. 아이도 낳고, 정말 평범한 아줌마로 만족하면서 살았었다. 그런데 30대 초반에 신랑이 덜컥 죽어버렸다. 무슨 이유로 죽었는지는 나도 듣지 못했다. 하여간에 셋 친구 중에 제일 앞서서 나갔는데, 하루 아침에 꼴찌로 미끄러져 버렸단다.

엄마만 바라보고 있는 아이들이 눈에 밟히고, 그것보다는 내가 살기 위해서, 아이들을 키우기 위해서 돈을 벌어야 한다는 강한 압박으로 생활전선으로 나서면서 선택한 것이 자그마한 식당이었다. 그러면서 한 말이 돈버는 재주라고는 일도 없다보니, 생각나는 게 식당밖에 없더라고 하였다. 그리고 내 친구를 단골 고객으로 만나게 되었다. 우리는 그 친구 때문에 이 집을 모임의 장소로 정하였다. 정말 오래 동안 이 집은 우리들의 모임터가 되었고, 시간이 흐르니 모임터는 안방처럼 편안함을 주었다. 이런 것이 아줌마 사장이 하나도 없다는 바로 그의 재주이리라. 이제는 장성한 아들이 대학에 들어간다는 말도 들었다. 어쩌면 대학을 다닐 즈음이었을 지도 모르겠다. 솔직히 말해서 우리가 아줌마의 아들에게까지 관심을 가진 것은 아니었다. 우리 동기 친구들은 개인 모임의 자리도 아줌마네 식당을 이용하였나 보다. 어느 덧 음식을 팔기 보다는 술을 더 많이 파는 가게가 되어 있었다. 술을 더 많이 팔고부터는 숨어 있던 걸걸한 성격이 밖으로 튀어 나와서, 내가 더러 흠칠 놀랐었나 보다. 우리 동기 친구들과는 더 가까워져서 스스럼없이 농담도 나눌 만큼 친숙해졌다.

모임의 장소를 새로 정해야 했다. 아줌마가 식당을 접고 노래방 사장이 되었다고 하였다. 그러니 그 식당에서 더 이상 모임을 가질 수가 없었다.

아줌마를 잘 아는 내 친구는 이렇게 말했다. 어느 돈 많은 사람이 뒷돈을 대주어서 노래방 사업을 시작한다더라. 그러자 입이 거친 친구가 '아따, 돈 많은 남자를 하나 물었구나.' 우리와 그 여 사장과의 맺어온 인간 관계로 아줌마 사장 앞에서는 그런 말까지는 꺼내지 못했지만, 입이 거친 친구가 한 말이 사실일 것이다. 나는 그냥 미소나 지으면서 듣기나 했지만 그 말도 일리가 있다는 생각을 하였다. 나와 가까웠던 친구는 어떤 남자가 돈을 대준 것이 맞다고 했다. 그러면서 그 남자와 수시로 잠자리도 같이 한다는 말도 했다. 그랬었구나. 나는 고개를 끄덕였다.

음식장사, 술장사를 하면서 살아오느라. 푸른 보리가 출렁거리는 들녁을 바라보던 시절의 앳된 소녀가 이때까지 살아 있지는 않을 것이다. 윙윙거리는 기계소리와 덜거덕거리는 배틀의 소음 속에서 백마 탄 왕자를 꿈꾸던 처녀는 아니지 않는가. 음식과 술을 팔면서 세상의 온갖 풍상를 겪으면서 살아온 아줌마인데, 비도 오고, 눈도 오는 세상 풍파에 때묻고 닳아빠진 아줌마로 살아온 세월이 얼마나 길었는데……. 그래도 간간이 시골 동네를 이야기하는 것을 보면 그가 그리는 이상적인 삶이 무엇인지를 짐작하게 해주었다. 우리는 월례회 모임의 장소는 옮겼지만 더러더러 노래방도 찾아갔다. 그럴 때마다 여전히 친절하게 맞아 주었다.

그날은 노래방을 모임의 장소로 정해놓고, 내가 너무 일찍 나갔었는지, 아니면 노래방에서 모임이 끝난 뒤였는지는 기억에 삼삼하다, 하여간에 테이블에서 아줌마 사장과 나는 마주 앉아 있었다. 맥주 잔을 홀짝이면서, 자기가 자랐던 시골마을 이야기를 했다. 나는 글의 앞에 표현한 시골의 정경은 이때 그녀가 한 말을 그림으로 그려본 것이다.

"자전거를 타고 농막에 나타나는 동네 오빠가 있었어. 그날은, 보리가 우리의 허리까지 자라서 온 들녘을 덮고 있던 그날에, 오빠가 자전거를 태워주겠다고 하더라. 날이 어둑해오는데도, 나는 겁 없이 뒷자리에 걸터 앉았어. 오빠는 개울 둑 길을 신나게 달려서 산골짜기 쪽으로 마구 달려가더라. 나도 신이 났고……. 골짜기 입구에는 보리밭 가운데에 바위들도 군데군데 있고, 기분이 이상하게 달아오르면서 싫지 않더라."

"그래서……."

"뭐가 그래서야, 다아 알면서."

그리고는 깔깔 웃더니 맥주잔을 들고 한모금 들이켰다.

그 이야기가 내게는 신선하면서도 충격적으로 다가왔다. 그 이야기를 들으면서 나는 내가 자란 시골마을을 생각하고 있었다. 우리 마을은 넓디 넓은 들녘의 한 가운데여서 내 상상력이 그녀의 말을 따라는 갔지만 더 이상 넓혀지지는 않았다. 그러나 '다아 알면서'라는 말의 뜻은 알고 있었다, 지금껏 그 말을 기억하는 것을 보면, 나의 상상력이 미치지는 못하였지만 아름다운 이야기로 느꼈는지 모르겠다.

아줌마 사장도 왜 그 말을 하였을까. 우리는 누구나 현실의 삶에서 벗어나고 싶을 때는 어린 시절의 고향 마을을 생각한다지 않는가. 그랬을까. 아줌마 사장은 우리끼리 나누었던 말처럼 돈 많은 남자를 만났더라도 허한 마음의 구석은 메워지지 않았나 보다.

그리고는 우리 모임이 노래방을 찾아가는 일도 뜨음해지면서, 아줌마 사장의 소식도 나에게서 멀어졌다.

여러 해가 지났다. 이 소식도 내 친구가 전해 주었다.

"그 여사장이 가든 급의 고깃집을 차려서 손님이 바글바글한데. 돈을 엄청 벌어서 이제는 갑부급이래."

나는 잊고 있었던 아줌마 사장의 소식을 친구로부터 들었다. 골프장으로 가는 길목이고, 팔공산으로 가려면 지나쳐야 함으로 골프치는 사람들과 산행을 하는 사람을 고객으로 하여 돈을 엄청 많이 벌었다는 소식이다. 그러면서 하는 말이 '음식장사에는 소질이 있어' 하였다. 예전의 동기회 회장님이 잘 지내느냐면 내 안부를 묻더라면서 나더러 시간이 나면 같이 한 번 가보자고 했다. 그러자고 했지만 나는 아직 식사를 하려 멀리까지 나가는데는 익숙하지 않아서 차일피일 하기만 했다. 나는 버스를 타고 팔공산을 열심히 찾아다니던 때였지만, 혼자서 식사를 하러 가는 일이 몸에 익지 않아서 버스 차창너머로 눈길만 주곤했다. 마음 속으로는 한 번 쯤 들러 보고 싶었으나 좀처럼 기회가 오지 않았다.

돈을 벌기는 많이 벌었었나 보다. 수필을 쓰는 어떤 여자분이 그 여사장 이야기를 하였다. 예전의 삭당 아줌마라면 여자 수필가님이 절대로 알 수 없는 아줌마의 이름이다. 요즘 골프도 치러다니면서 상류층 행세를 한다나, 수필가 님의 말투가 아니꼽다는 투여서 나는 아예 아는 척하지 않고 듣기만 했다. 그 여사장이 살아온 행로를 생각해보면 말투며 행동거지가 뻔할 것이다. 교양이 배어있는 말씨를 기대할 수는 없을 것이다. 그런데도 나는 '고향 오빠의 자전거 이야기가 떠올랐다. 말투는 거칠더라도, 도시의 뒷골목에서 살아오느라 때가 묻었지만 내가 자란 고향 마을에서 자전거를 탔던 일을 잊지 못하는 여린 마음이 아직도 남아 있다는 것을 나는 알고 있다.

한 번은 친구의 차를 타고 모처럼 멀리 아줌마 사장네의 고기집으로 식사를 하러 갔다. 내 눈에는 진짜로 반가워하면서 나를 맞아주었다. 홀이 빽빽하도록 손님들이 가득 찼는데, 그 중에서도 유독 우리 곁에 와서 온갖 친절을 베풀었다. 그래서 나는 친구더러 몇 년이나 지났는데도 이렇게 맞아주는 걸 보니, 소문처럼 나쁜 여자는 아닌 것 같다고 하니, 그 친구 왈 '이 순진한 친구야 이것이 이집 사장의 장사 수법이잖아. 너처럼 세상사는 법을 모르는 넘한테 감동 먹이고……, 이런 친절 때문에 손님이 와글와글 하잖아' 했다. 이 친구는 평소에도 나더러 세상 물정을 너무 모른다고 핀잔을 주곤하는 친구이다.

친절하구나 하는 나의 기억과는 상관없이 여전히 흉흉한 소문들이 떠돌았다. 이번에는 우 몰려서 커피집이나 찾아다니는 대구의 웬만한 유한녀들이라면 모두 알고 있다고 하니, 소문의 내용이 신문에 나도 될 만큼 흥미로운 것이거나. 아니면 돈을 더 많이 벌어서 더 많은 사람들에게 질시의 대상이 되었거나일 것이다.

이번에 떠도는 소문은 '예술가와 눈이 맞아서, 용돈까지 대어준다나. 팔공산 자락에서 그림을 그린다고 예술가로 불린다고 했다. 그가 어떤 그림을 그리는지 아는 사람이 없는 걸 보면, 예술가는 무슨 똥통에 빠져죽을 예술가냐.' 소문을 전해주는 사람이 입을 비쭉하면서 비아냥거리는 투로 말했다. 소문이 더욱 슬프게 들리는 것은 그 예술가라는 남자의 부인도 어엿이 있다나 남편이 돈을 뜯어오니 마누라도 모른 척한다더라. 별 희한한 일도 있제.'

정말 소문이 가관인 것은 여사장이 그 사실을 눈치채고, 이제는 만나지 말자면서 용돈을 안주니까. 예술가가 주먹을 얼마나 휘둘렀는지 눈두덩이 퉁퉁 붓고, 얼굴은 온통 멍투성이가 되어서 한참 동안 집 밖으로 나오지를 못 하였단다. 나에게 말을 전하는 수필가님도 그 집 부근에 사는 지인으로부터 들었는 말이라고 하니 믿어야 할지는 모를 일이리라. 그래도 이런 소문이 떠돈다는 것은 좋은 일이 아니다. 돈만 많다 뿐이지 저질 중의 저질 인간이라는 혐오성 폄하가 담긴 말이다. 그래도 그쪽 소식은 어느 만큼 정통하다는 내 친구더러 내가 들은 말을 물어 보았더니, 허허, 웃으면서 요즘은 자기도 그집에 가지 않아서 잘 모른다고 하였다.

세월이 지나가니 그런 소문도 잠잠해졌다. 여사장을 잊고 지내면서 다시 몇 년을 흘러보냈다. 나는 흉한 소문이 돌 때마다 이상하리만치 동네 오빠의 자전거 뒤에 탔던 이야기가 떠오른다. 일말의 동정심이라고 할까. 철 없던 시골 여자애가 이처럼 악녀로 변신해버리는 이야기를 들으면서 나는 민중들이 자기 만족을 얻으려고 들려주는 한 토막의 민담처럼 들렸다. 그래서 '뭐 그랬을라구.'라며 반신반의 했다.

살아가기 고달픈 서민들은 이런 이야기를 좋아한다. 돈이 많거나 성공한 사람이 혐오의 대상이 되는 이야기를 듣기 좋아한다. 들은 이야기를 다른 사람에게 전할 때는 더 많은 악담을 보태서 전한다. 나에게까지 이야기가 전해올 때는 많이 부풀려진 것이 아닐까라고도 생각해보지만, 나도 들은 사실로만 알 수밖에 없다.

내 친구는 자기도 놀랐다면서 말했다.

"고깃집 여사장이 치매로 요양병원에 갔데."

"무슨 소리이고, 그 사장 나이가 얼만데, 우리보다 저 아래인데."

"몰라, 하여간에 아들이 요양병원에 입원시켜 버렸데"

"진짜 치매가 왔어."

"나도 몰라, 고깃집 운영권을 아들에게 넘겼는데, 이것저것 자꾸 간섭한다고 그랬다나 뭐."

나는 친구가 전해주는 말을 듣고 한참 동안 멍한 기분이었다. 따지고 보니 우리가 그 여사장을 알 때는 정말 아줌마 사장일 때다. 중년 나이이었으리라. 많은 세월이 흘렀고, 우리가 모르는 사이에 온갖 풍상을 겪었겠지만, 치매라서 요양병원이라니……, 그것도 아들이 보내버렸다니. 인생이 갑자기 서글퍼진다. 인생이 아무리 서글프더라도 이 또한 내 일이 아니니 쉬이 잊어버렸다.

얼마 전에 친구는 다시 이런 말을 전해주었다. 나는 친구의 말은 사실이라고 믿는다.

주변에서 아무리 그래도 엄마를 치매로 몰아 요양병원에 보낸 것은 아들로서 할 짓이 아니다 라고 하여, 지금은 다시 퇴원하여 집에 있다더라. 이 말도 들은 지가 1-2년은 지난 듯하다. 다음에는 또 어떤 소문이 들려올지 모르겠다.

이런 것을 무엇이라고 해야할까 '이것이 인생이다.'라고 해야할까.

인생이긴 하지만, 나는 아줌마 사장의 삶을 곰곰이 생각해보았다. '이것이 인생이다' 라는 한 마디에 인생 전부를 구겨넣어 버린다면 인생이 너무 작아지는 것이 아닐까.

시골처녀가 공녀 생활을 거치고, 남편마저 일찍 죽어서, 밑바닥 인생부터 쌓아올린 것이 그의 인생이다. 그의 가슴에 무슨 욕망이 꿈틀거렸을까. 그의 삶의 행보를 보면 돈을 벌고 싶다는 욕망이 가득하였으리라.

돈을 많이 벌었다고 욕망이 채워졌을까. 욕망을 처리하기에는 돈만으로는 부족하다는 생각이 든다. 돈으로 메우지 못하였기 때문에 메우지 못한 자리를 메꾸려 동네 오빠의 자전거를 기억하는 것이 아닐까. 사는 일은 복잡하다, 따라서 인생을 꾸리기란 복잡하고 어렵다. 사는 것이 어렵기 때문에 '이것이 인생이다.'라고 말하는 것일 게다.

두 스승

아내와 서울에 갔다. 모 화랑에서 조선시대 회화의 전시회를 한다 하여, 서울에 온 길에 이왕이면 전시회도 들러보자고 했다. 화랑의 사장님은 예전에 얼핏 인사를 나눈 적은 있지만 안면이 두터운 사이는 아니었다. 마침 사장님이 계셔서 이런저런 이야기를 나누다, 아내의 서예 이야기도 나왔다. 누구에게 배우느냐고 하여 스승이 없다고 하니, 소개장을 한 장 '써 주겠다'고 했다. 그 분은 처음 듣는 이름이었다. 이랬으니 아내가 그 분과 스승-제자의 끈은 맺은 것은 우연이라는 것이 더 맞는 말일 게다. 그 분이 누군지도 모르면서 아내는 화랑 사장님의 소갯장 한 장 들고 찾아갔으니 말이다.

나는 학교에서 선생님에게서 배웠고, 교수님 밑에서 공부했다. 학교라는 기관을 중간다리로 해서 만나는 선생님보다는 사람과 사람이 바로 만나는 스승님이 더 좋다는 생각을 막연히 했다. 아내는 서예를 하면서 스승님에게서 서예기법을 익혔다. 아내가 전해주는 말을 들어보면 그 분은 선생님이 아니고, 이문열의 소설 '금시조'에 나오는, 영락없이 스승님이었다. 나는 아내를 통해서 스승님을 살펴볼 기회를 가졌다. 아내가 스승을 모시는 것은 순전히 배움이 목적이었다, 그러니 스승님을 만나는 길은 우리가 학교에서 선생님을 만나는 것과는 달랐다. 학위 때문에 나가야 하는 학교의 공부보다는 순수하게 공부만을 목적으로 하기 때문이다. 아내를 보면 소개를 받아야 했고, 제자로 받아주어야 문하생이 되어 공부할 기회를 얻었다. 이런 이유로 스승-제자 관계가 기계적으로 맺어지는 선생님보다는 더 끈끈한 인간관계를 바탕으로 맺어진다. 아내도 그런 방법으로 두 분의 스승님을 만났다. 그러니 나는 스승님이 더 좋다고 생각하였던 것이다.

그렇다면 아내가 또 한 분의 스승을 만난 것도 우연이라면 우연이다. 여기에도 내가 관여하였으므로, 어쩌면 아내의 스승-제자의 관계맺음에는 내가 아주 묘하게 얽혀있다. 그래서 내가 이 글을 쓸 생각을 하였었나 보다.

대구의 G대학에 서예과가 신생학과로 태어났다. 교수로 오신 분이 아내의 스승이 된 Y교수님이다. 그 전부터 알고 지냈던 분은 아닌데, 내가 취미생활로 미술공부를 하는 탓인지 식사 모임의 자리에서 그 분을 만났다. 나는 아내가 서예공부를 하려면 대학에서 체계적으로 공부하는 것이 좋겠다는 생각을 하고 있었다. 아내가 서예를 한다는 얘기를 하고, 체계적으로 공부하고 싶어 한다고 했더니, 그러면 대학원에 적을 두라고 했다. 자기의 전공이 한문서예이니 자기에게 오라고 했다. 그래서 아내는 대학원에서 Y교수를 지도교수로 모시고, 한문서예를 공부하게 되었다. 서울의 스승님에게도 한문 서예를 공부하고 있으니, 정말 잘 되었다고 생각했다. 내 식대로 말하자면 아내는 선생님과 스승님의 두 분에게서 공부를 하는 것이다.

나는 아내와 부부로 살면서 우리를 묶어주는 또 하나의 인연을 미술이라는 끈으로 연결되어 있다고 생각했다. 미술을, 그것도 중국과 연관이 있는 미술로 묶여 있다는 것이다. 아내와 나는 대구 박물관의 산책로를 산책하면서 미술 이야기를 많이 하였다. 아내는 한문을 나보다 많이 알고 있었으므로 내가 모르는 것을 아내에게 배우기도 했고, 미술사나 미술이론은 내가 말해주기도 했다. 그래서 상당히 죽이 맞는 부부라고 믿는 만큼, 나는 아내의 공부에 관한 세세한 부분까지도 알고 있었다. 아내도 자기의 미술작업에 관하여 나에게 조언을 구하기도 했다. 조언을 구할 때마다 내 대답은 판에 박힌 듯한 전통서예에서 벗어나서, 나만의 새로운 작품 세계를 만들어야 한다, 그래야 내가 예술가로 살아남을 수 있다고 말해 주었다. 이것은 내가 미술공부를 하면서 배운 이론이다.

젊은이들이 대학에 진학하는 이유를 대라면 여러 가지 이유들이 나올 것이다. 그러나 무어니무어니 해도 졸업 후에 더 좋은 직장을 얻을 수 있다는 것이 가장 많이 말하는 이유일 것이다. 그렇게 따지면 서예과는 조건이 아주 불리하다. 미술대학이라 하더라도 미술교사 자격증도 주지 않았으니 서예인들이 생업으로 나아가는 손쉬운 방법이 서예학원을 운영하는 일이다. 나중에 학생들이 왁자왁자하여 미술교사 자격증을 가진다 했지만, 학교에서 채용해주지 않으니 자격증이 있어도 헛일이었다. 서예학원은 수강생이 모여야 하고, 수강료를 납부하는 것이 수입원이 된다. 그런데……, 서예학원의 운영에 서예과 졸업보다는 국전에서 입상하는 것이 더 유리하다. 수강료도 더 많이 받을 수 있고, 수강생도 더 많이 몰린다. 대학이 정통 아카데미즘이라면, 국전은 재야 서예의 하나일 뿐이다. 그런데도 서예학원 운영에는 국전의 입, 특선이 더 큰 영향력을 발휘하기 때문에 서예를 하시는 분들 사이에 묘한 기류가 흘렀고, 스승-제자의 인간관계가 특이하게 만들어진다. 말하자면 국전에 영향력을 더 많이 행사하시는 분이 서예인들에게는 우상이 된다. 그런 서예가에게 사람들이 몰린다. 국전에 영향력이 없는 대학교수는 뒷전이 된다.

Y교수는 왜정시대는 미술분야에서 서예의 비중이 아주 높았는데, 지금은 미술분야에서 미술로 인정받기도 어려우리만치 낙후 된 이유가 대학의 학과로 편입하지 못한 때문이리라고 하였다. 그래서 Y교수는 서예가 미술대학의 학과로 편입하는 것이 목표였고, 그러기 위해서 발벗고 뛰었다. 그래서 서예과가 태어났다고 하였다. 그러면서, 서양화와 동양화가 대학 중심의 아카데미즘이 대한민국의 미술 분야를 장악하여 이끌고 있으나, 서예는 대학이 없었으니, 재야 세력이 주도권을 쥐고 있다고 하였다. 그들이 국전을 장악하여 심사권을 쥐고, 서예세계를 좌지우지 하면서 세력화 하였다. 지금

으로서는 국전을 손아귀에 쥐고 있는 세력이 주인이고, 대학은 오히려 재야권으로 밀려나 있다고 말하였다. 그러면서 요즘의 젊은이들이 눈치가 얼마나 빠른지. 그의 목소리에는 약간은 분노라고 할까, 비감한 심정도 실려 있어 말이 조금 거칠게 들렸다.

"나를 지도 교수로 하여 대학원에 들어온 원생들이 거의가 떠나가버렸어. 내게 와서 분위기를 알아보고는, 내가 국전과는 관계가 없다는 걸 알고, 국전과 끈이 닿아있는 서예가에게로 떠나갔어. 자기도 밥 먹고 살겠다며 하는 일인데 내가 어쩌겠어. 그래도 배신감으로 입맛이 쓰더라고."

제 아내는 밥벌이 걱정을 안함으로 절대로 그러지 않는다고 하였더니 자기도 안다고 하였다. 정말 아내는 Y교수를 떠나지 않았다. Y교수의 지도로 석사 학위를 받았다. 지금도 아내와 나는 Y교수와 연락을 주고 받으면서 끈을 유지하고 있다.

Y교수를 떠난 젊은 서예인을 만났더니, 그 사람의 말도 일리가 있었다. '우리도 밥 먹고 살려면, 길을 찾아야 하지 않겠습니까. 인간적으로는 해서 안 될 짓이지만, 현실이 그렇지 못하니……' 나는 그 말도 수긍할 수밖에 없었다. 그 젊은 서예인이 전해준 말로는, Y교수님은 국전을 장악하고 있는 들풀 선생님과는 원수지간이라고 하였다. 그럴 수밖에. 두 분이 지향하는 예술의 세계가 달랐다. 들풀 선생은 전통 서예를 하면서, 그 분야에서는 누구로부터도 인정받는 명필이고, 서예대가(大家)이다. 추사의 맥을 잇는다고까지 하였다. Y교수를 떠난 분의 말로는, '솔직히 말씀드리면 서예 글씨로서는 Y교수는 들풀 선생에게 비교가 안 되지요. 그러나 자기 분야

를 가지고 자신만의 목소리를 낼 수 있으니…… 두 분은 자기만의 작품세계를 가진 만큼, 사이는 더 나쁩니다. 그래서 두 분은 이 바닥에서 원수지간이라고 소문이 났어요.' 라고 했다.

저녁에 집에 와서 아내에게 두 분이 '원수지간'이다 더라는 말을 했다. 아내는 '엄마야.' 하면서 기겁을 했다. 자신의 앞날이 떠올랐는지 모르겠다. 서울의 화랑 사장님이 소갯장을 써준 곳이 바로 들풀 선생님이었다. 그래서 Y교수께 서울의 '들풀 선생'에게 서예를 배우러 다닌다고 했더니, '아. 그러세요.'라면서 얼굴 색이 별로 좋지 않더라고 했다.

나는 이왕 이렇게 된 바에는 두 분을 스승님으로 모시고 서예공부를 하라고 조언했다. 아내는 아내대로 나는 내 길을 개척해야 할 텐데 두 분의 눈치를 볼 필요가 없다면서, 어느 한 쪽도 포기하지 않겠다고 하였다. 그 말은 국전에도 도전하겠다는 의미였고, 그럴려면 들풀 선생님에게도 다녀야 한다는 것이었다.

그랬다. 1990년 대의 대한민국의 서예 세상은 국전에서 입, 특선을 해야 서예인으로 대접해 주었다. 서예단체에 얼굴이라도 내밀려면 국전 입, 특선이라는 명찰을 달아야 했다. 그런 것 없이 나이가 들면 자기도 모르는 사이에 도태당한다는 것이다. 대학의 서예과는 국전에서 아무런 존재가치도 없었다. 그렇다고 하여 미래가 보이는 것도 아니었다. 서예를 하시는 분들이 대학을 외면하고 국전으로 몰려가는 것은 당연한 일일 게다. 아내도 서예인의 단체에도, 모임에도 참여하면서 국전의 인증서를 더욱 절실하게 느꼈다. 국전을 통과한 서예인이 목에 힘을 주고 설치더라고 하였다. 아내는 말로는 그냥 취미 생활로 서예를 즐긴다고 하였지만, 어찌 그 말을 믿을 수가 있나. 4시간이 걸리는 무궁화 기차를 타고 서울에 가는 것이 그냥 취미생활이라고? 대학의 서예과를 지원하는 학생은 해마다 줄어들었다.

내가 이 글을 쓰는 이유가 있다. 내가 대한민국 서예계의 흐름을 전하려고 이 글을 쓰는 것이 아니다. 서예계란 바다에서 항해하는 아내가 풍랑으로 겪는 심리적 갈등이 수필의 좋은 소재라 싶어서 이 글을 쓴다.

세평이 서로 원수지간이라는 말을 듣고도 한 분을 선택해지 않고 두 분을 스승으로 모신 아내의 꿍심은 바로 국전 때문이다. 한 번은 Y교수님이 들플 선생의 안부를 묻더라면서, 선생님이 그렇게 말씀을 해주시니 내가 그 스승님에게서 공부하는 것을 인정해 준다 싶어, 마음의 짐을 벗은 기분이라고 했다. 어쨌거나 들풀 선생님을 통해 국전을 통과했으면 좋겠다고 했다. 아내도 다른 이에게 서예를 하는 이유를 말할 때는 취미 생활이니, 수행을 통한 인격도야라고 하면서 말을 번지르하게 한다. 옆에서 본 내 눈에는 아닌 듯한데 말이다.

한 번은 서울의 서실에서 대구의 **선생님에게서 서예를 동문수학한 B 선생을 만났다나. 반갑게 인사를 나누고 나서, B선생은, 들플 선생님에게 배운다는 것만으로 영광이라고 하였다. 제자가 되고 싶다고 되는 것이 아니다, 워낙 명성이 자자한 분이시라, 전국에 깔려 있는 제자들의 수는 셀 수도 없으며, 모두 자기 지역에서는 중진 서예가들이라고 하였다. 추사의 전통 서예를 이었으며, 글자 또한 예술적 가치가 높고 높아 그를 능가할 서예가는 대한민국에서는 없다고 했다. 아내의 말을 듣고, 나는 추천서를 써준 화랑 사장님이 나와 인연이 있음을 내세워 '내 덕'이라고 아내에게 으쓱했다.

아내는 이런 말도 했다. 가을에 국전이 있다면서 서울의 서실이 대학 입시를 앞둔 교실마냥 시끌시끌하더라고 했다. 국전에 제출할 작품을 만들기 위해서 선생님에게 체본을 받아야 한다나. 체본을 받아서 그 글을 백 번 이상이나 되풀이, 되풀이 연습한 후에 공모전에 제출한다고 했다. 그게 무슨 공모전이니, 사전에 시험 문제를 아르켜 주는것과 무엇이 달라. 했더니, 서예의 모든 공모전이 그렇다고 했다. 그럼 당신도 체본을 받아서 연습을 하려므나,라고 했더니 그럴 작정이라면서 체본 값이 꽤 비싸다고 했다. 사회생활의 바탕은 돈이란 것이 나의 평소 지론이다. 선생님이든, 스승님이든 벌이가 있어야 하는 것은 당연하다 싶어서 당신도 그렇게 하렴이라고 했다. 해마다 국전에서는 들플 선생의 서실에서 입, 특선자가 수십 명이 나온다나. 그러면서 자신도 거기에 끼이기를 은근히 기대하는 눈치였다.

이문열의 소설 '금시조'를 보면 스승님은 하늘이다. 그림을 배우러 가서 3년 동안 붓 한 번 잡아보지 못한다. 마당을 쓰는 마당쇠에, 겨울이면 스승님의 방을 데우려 군불을 지펴야 하는 돌쇠이고……, 그렇게 3년을 보낸다. 명분은 인격도야이다. 작가가 되기 전에 인품을 닦아야 한다. 인품이 흰 종이마냥 깨끗해야 하고, 그 흰색 위에 예술의 탑을 쌓는다. 머슴살이 3년이 지나고서야 붓을 잡는 이유이다. 어차피 대학의 밖에서 서예를 배우는 일은 스승을 모시고, 스승의 수발을 들면서, 인격을 닦은 후에야 기초를 배우는, 전통적인 도제 제도를 따른다. 4시간이나 기차를 타고 서울에 가는 것도 인격도야의 한 과정이다. 도제제도에서는 정해진 시간표가 없다. 정해진 점심시간이 없다. 선생님이 용무를 끝내고 서실로 들어오는 시간이 오후 수업을 시작하는 시간이다. 그렇다고 군소리를 하면 인격도야가 덜 된 사람이다. 대구로 내려오는 기차표를 끊어두었으니 재깍재깍 흘러가는 초침 소리는 마치 고문하는 소리 같았다. 기차 시간 때문에 체본도 못 받고, 밤 12시가 되어서 동대구 역에서 내린다. '그 날은 비가 부실부실 오고, 택시를 기다리고 있으니 나도 몰래 눈물이 쿡 솟드라.' 약간은 젖은 목소리였다. '서울에 안 가면 될 걸. 그래도 또 서울에 가는 걸 보면, 나도 귀신이 씌운 거지.'

그랬다. 말로만 취미삼아 서예를 한다지만, 마음 깊숙한 곳에는 국전을 거치고 싶은 욕망이 가득했다. 그래야만 대구에서 서예가로 행세할 수 있다는 욕망, 그 욕망을 버리지 못하여 서울로 간다. 도제제도에서 스승은 그와 같은 인간의 욕망을 교묘히 이용한다. 선생님이 아닌 스승님으로 모시고 공부하면 마음이 허정(虛靜)해 진다고……. 아내를 옆에서 지켜보 내 생각으로는, 그건 거짓말이다.

그러나 이문열의 소설 '금시조'의 주인공은 예술이란 마음을 비우고 난 뒤에 시작하는 것이라는 믿음을 가지고, 3년 간의 머슴살이를 하였다. 이것이 스승을 모시고 공부하는 전통의 서예 공부법이다. 스승에게 공부하는 것과 선생님에게 공부하는 것의 차이이기도 하다.

전통적인 도제제도로 인격 수양이 잘된 수련생들이어야 하는데……, 그 인품이란 것이 기차를 놓치지 않도록 조금 양보해주지는 않고……. 내 말에, 아내가 감정도 넣지 않고 무덤덤하게 내뱉는 말이, 서울 사람들 다 깍쟁이다. 절대로 양보하는 법이 없더라. 대구서 왔다고 선생님이 체본을 두 장 써주면 자기 시간을 잡아먹는다고 투덜투덜하더라. 이곳의 서실에 오래 다니면 수양이 잘 되어 있을 텐데, 참 이상하지. 이 서실의 사람들의 인품이 이렇더라니까. 마음이 비어지도록 다니려면 얼마나 오래 스승님께 배워야 하는지를 모르겠다.

어쨌거나.그렇게 서울을 다니기를 15년이나 했다. 내가 햇수를 잘못 알고 14년이든가 하면, 아내는 즉석에서 아니야 15년이야 라고 수정해준다.

아내가 나의 지인으로부터 전화를 받았다고 했다.

"저어, 우리 아파트 쓰레기 장에 Y교수의 서예 작품이 버려져 있는 것을 제가 수습해서 가지고 있습니다. 선생님이 교수님의 제자이시지요. 제가 그 작품을 가지고 갈테니 선생님의 작품과 바꾸어 주시면 안 되겠습니까?"

Y교수의 작품이 아파트 쓰레기장에 버려져 있었다는 사실도 충격이었고, '왜 내 작품과 바꾸려' 했는지도 모른 일이다. 라고 했다. 서실에 가져 온 걸 보니 교수님 작품이 맞드라면서, 그 분이 원하는 대로 나의 전통 서예 작품과 바꾸어드렸다고 했다. 그는 실험 작품

보다는 전통 서예 작품을 원했던 것이다. 그것이 일반인들이 서예를 바라보는 시각이었다.

그러면서 아내는 말을 이었다.

Y교수는 요즘 중국이나 일본에서는 전통 서예가 아니고, 현대서예라면서 새로운 양식의 서예를 한다면서……, 선생님의 서예작품을 전통 서예의 잣대로 보면 서예가 아니라는 것이다. 글씨는 들플스승이 뛰어나다는 것이 정평이다. 그래서 아파트 쓰레기장에 버렸을 것이라는 것이 아내의 말이다. 요즘에는 또 도판에 음각으로 파내고, 도예로 굽어서……, 그걸 다시 탁본으로 떠낸 것을 작품이라면서 전시장에 걸더라. 도판만이 아니고, 청동판으로도 하더라. 종이에 붓으로 쓱쓱 써내려가는 글씨보다도 내 눈에는 좋은 점이 하나도 없던데, 라고 했다. 아내의 말투로는 선생님의 작업을 부정적으로 보고 있었다.

그래선지 Y교수는 자기의 방법을 따르라고 강요하지는 않는다고 했다.

나는 아내더러, '예술가란 새로운 기법으로 도전하여 자기의 작품을 만들어내는 사람이다. 전통 기법을 그대로 답습하여, 이미 유행이 지난 고전 양식의 작품을 사진처럼 베껴서야 어떻게 자기 작품이라고 히겠어.'라고 했다. '복제하듯이 작품 만드는 사람은 장인이지, 어떻게 예술가야' 내 말을 듣더니, '그건 그러네.' 하면서 자기도 자기나름의 실험적인 작품을 해보고 싶다고 했다. 자기도 도판을 이용하여 서예작품을 만들어보겠다고 했다.

졸업 전시회를 앞두고, 별의 별 기법들을 실험해 본다고 했다.

이건 순전히 Y교수의 영향이다. 나는 Y교수의 수업방법이 예술을 기술자가 아닌 창작의 개념으로 생각하면 맞다고 말해 주었다. 하여간에 아내의 대학원 졸업 전시회 작품은 도예로도, 청동으로도, 심지어는 압화 등을 종이에 붙이고, 서예 글씨로 조화를 모색해보는 작품도……, 하여간에 그렇게 만든 작품으로 꾸렸다. 들풀 선생에게 배운 전통 서예 작품도 물론 있었다. 어쨌거나, 전시회를 다녀간 사람들은, 여러 반응을 보였다. 이건 서예가 아니다,에서, 그래도 재미있다까지 다양했다. 그러니까 서예이기도 하고, 아니기도 하였다.

전시회를 가진 작가 본인의 느낌이 중요하다. 아내는 그런대로 반응이 괜찮더라고 하는 걸 보니, 조금은 만족하는 듯했다. 아내는 이번 전시회를 바탕으로 자기의 작품 세계를 열어보겠다고 하였다. 전시회로 새롭게 태어난 것은 아니지만, 실망한 것도 아닌 듯하다.

아내는 서울 서실의 분위기에 휩쓸려 국전에 작품을 응모하였다. 한 해에 수십 명씩 입상한다고 하였으니, 은근히 기대도 하는 듯하였다.

밤 늦게 현관으로 들어서는 아내의 표정이 무척 어둡다. 뻔하다. 국전에 낙선했나 보다. 내가 첫 번 도전에 대꺽 붙으면 국전이 너무 가볍게 보이잖아. 이번 응모는 처음 도전이잖아. '그래, 맞다' 대답이 시원찮다. 축 늘어진 목소리다. 다음 날에야 맥이 빠진 이유를 설명해주었다. 첫 번째 도전에서 떨어지는 것은 당연하지만, 자기의 눈에 형편없는 작품인데도, 입선도 아니고 특선을 하였다잖아. 도저히 수긍이 안 되어서……, 라고 했다. '그야 당신 눈에는 형편없어 보여도 심사위원들 눈에는 좋은 작품일 수도 있잖아.' '그럴 수도 있지만, 상식 수준을 벗어났을 정도로 형편 없으니 하는 말이지.' 얼마의 시간이 흐르고 나서 '뭐 그럴 수도 있겠다면서.' 아내는 기분이 좋아져 있었다.

이후로도, 작품을 평하면서 아내가 '형편없는……' 이라고 하는 말을 나는 수도 없이 들었다. '형편없는……'이 말은 아내의 상투어가 되었다. 서예를 보는 내 안목이 짧으니, 나로서는 아내의 말을 따를 수밖에 없다.

국전이 있는 가을이면, 어깨가 축 처지고, 어두운 표정을 하고 현관을 들어서는 일이 자꾸 쌓여만 갔다. 이제는 여러 번이나 도전하였지만 여전히, 여전히 낙선이었다. 그러다가 아내도 잘 아는 분이 국전 서예부분에서 최고의 상을 받았다. 아내는 또 '형편 없는……' 이라는 말로 평을 했지만, 이번은 교실 분위기가 다른 해와 달리 더 많이 어수선하더라고 했다. 교실 분위기는 최고상을 받은 분을 성토하는 자리이더라고 했다. 아내 말로는 형편없어도 너무 형편없는 작품이……, 이것이 서실 회원들이 수상자를 성토하는 이유였고, 교실을 어수선하게 하는 이유이더라고 했다.

그제서야 아내는 서실 회원이 쑥덕거리는 소리를 듣고, '뭔가 이상하다'는 분위기기 느껴지더라고 했다. 최고상을 받은 분이 바로 대구에서 함께 공부한 분이었고, 그분의 서예 실력을 훤히 알고 있는, 아내도 좋은 작품으로 생각한 일이 없었다고 했다. 그래서 은

근 슬쩍 물어보았다고 했다. '입상하는 무슨 길이 있느냐고' 그 분은 펄쩍 뛰더라고 했다.

들풀 선생님은 고향의 자기 옛 집터에 문화재로 삼아도 손색이 없는 멋진 한옥을 지었다. 불탄 남대문을 복원한 전통 가옥의 명장이 짓는다고 하였다. 명필 서예가와 명장이 지은 전통 한옥은 무척 어울리지 않는가. 그는 일주일 중에 금, 토, 일은 시골의 고향집에 머물면서 옛 선비의 정취를 한껏 즐겼다. 아내는 체본을 받으러 서울에 가지 않고 시골집을 찾아가도 되겠느냐고 하였더니, 그러라고 하였다.

이때부터 나는 아내를 차에 태워 시골에 있는 스승의 고향집으로 데려다 주었다. 서툰 운전에, 아직은 구불구불한 신작로 길이어서 그의 시골집을 찾아가는데도 자동차로 서너 시간이나 걸렸다. 새로 지은 시골집은 마당이며, 정원이며, 담장이며 뒷 손을 봐야 할 일거리가 수두룩 했다. 많은 남정네들이 괭이질도 하고, 나무도 심고, 정원 가꾸기 일에 분주하였다. 몇 번을 갔고, 갔을 때마다 그랬다. 나는 집구경을 하면서 마당으로, 뒤안으로 어슬렁거리며 돌아다녔다. 뒷 축담에 젊은 분이 앉아서 쉬고 있었다. 힘드시지요, 라고 말을 건넸더니, 허리가 몹시 아프다고 했다. 허리가 아프면 쉬어셔야지 일을 하면 안 되잖아요 했더니, '나는 여기서 멀지 않는 곳에서 서실을 운영하는데, 스승님의 눈 밖에 나서는 안 되지요.' 나에게는 그 말이 충격이었다.

서울이 아닌 시골집에 갔어도, 스승님이 찾아온 손들과 술을 마신다든지, 이것저것 일거리를 지시한다든지 하여 시간을 내어주지 않으면 체본도 못 받고 돌아오는 날도 많았다. 이것이 도제제도의 스승님이었다.

그날은 대구로 돌아오는 길에 Y시에 사신다는 분과, G시에 사신다는 여자 분이 내 차에 탔다. 대구로 나와야 그곳으로 가는 버스를 탈 수 있다고 하여서였다. 대구까지 오면서 많은 이야기를 해주었다. 더구나 Y시에 사신다는 분은 추천을 받으려면 10년이나 걸린다는 시간을 모두 채웠고, 이제 입선 한 번만 하면 추천작가가 된다고 하였다. 아내는 부러워서 '좋으시겠네요. 좋으시겠네요.'란 말을 하고, 또 하였다. '좋기는요' 그 분의 말이 뜻밖이었다. 입선 한 번이면 끝나는데, 그걸 주지 않고 질질 끌고 있잖아요. 그러니 나는 앞에 가서 죽는 시늉을 해야 하고, 조금 과장한다면서 대구까지 오는 내내 스승님을 비난하였다. 나는 운전을 하면서 가만히 듣기만 했지만, 말을 들어보면 Y시에 산다는 그 분은 풀어내지 못할 수많은 사연이 가슴에 맺혀 있는 듯이 보였다. 서예계에서 신처럼 모시는 분에 대한 나의 존경심이 자꾸만 엷어지는 것을 느꼈다.

한 번은 이런 일도 있었다. 시골집에서 제법 멀리 떨어진 곳의 식당으로 점심식사를 하려갔다. 나도, 아내도 동행하게 되었다. 그때 동석하신 분이 들플 선생을 왕희지보다 더 위대하는 식으로 추켜세웠다. 내 귀가 간지러웠다. 들플 선생은 듣다듣다. 거북하였는지 '아부성 발언은 그만 하시고……'라면서 그 분의 말을 제지했다. 이후로 나도 남을 지나치게 칭찬하는 분을 만나면 '아부성 발언'이라는 말을 하였다. 그렇게 배운 말을 버릇처럼 하다 보니 지금은 거의 내 습관이 되어 버렸다.

이후에 아내는 이렇게 말했다. '전에 '아부성 발언'이라고 핀잔 듣던 분 있잖아. 그 분은 4년을 내리 특선을 해서 속성으로 추천작가가 되었다며. 재주도 좋지.' 내가 '재주보다는 명필이니까 그러했겠지.' 라고 말하니 아내는 입을 비쭉했다.

아내는 다시 서울로 가기로 마음을 바꾸었다.

대구의 유명 서각가의 전시회에 갔다. 아내는 전시 작품을 보고 충격을 받은 듯했다. 아내는 말했다.

"서예의 미적 효과는 조형미라고 하더라. 이 서각 작품을 봐. 서예로서 어떻게 이런 조형미를 따라갈 수가 있어."

나도 그렇게 느꼈다.

"당신은 이것저것을 조합하여 작품을 만드는 실험을 하고 있잖아. 서예와 서각을 조합하는 작품을 생각해보렴."

"그것 괜찮겠다. 각(刻) 하시는 분의 말이 자기의 글씨를 각으로 파야 자기의 작품이라더라, 자서자각(自書自刻)을 하는 작가이어야 진정한 자기 작품을 만드는 것인데, 요즘 서각하시는 분이 서예 공부를 안 하니, 남의 글씨를 받아서 각만 한다더라. 그건 서각가가 아니고, 그냥 나무를 파는 기술자라는 거야. 서각쟁이라는 거래."

"당신은 서예도 하잖아. 서각가가 되겠네."

그때부터 아내는 서각과 서예를 곁들여서 작품을 만든다. 내가 보기에는 아내는 이렇게 한 걸음, 한 걺음씩 자기의 세계를 구축해

나갔다. 나는 이것이 작가로 태어나는 길이라고 생각한다.

아내는 서각과 서예를 결합하여 작품을 만들었다, 민화도 함께 하면 좋겠다는 생각이 들더라고 하였다. 아내는 늘 말했다. 자기는 그림을 좋아했다. 그림에는 색이 있기 때문이라고 했다. 형태보다 색을 강조하기로는 민화가 뛰어나다. 민화는 원색을 사용하여 색상이 선명하다. 아내는 민화까지 조합하여 작품을 만들고자 하였다.

대학원을 졸업하고, 졸업 전시회까지 한 아내는 Y교수를 정기적으로 만날 일은 없었다. 그래도 작품에 대해서 자문을 구하곤 하였다. Y교수는 판화처럼 그림을 도판으로 그리고 탁본의 형식으로 표현하여 서예작품과 조합하는 작품을 하였다. 색은 먹색이라 칙칙하였다. 그러나 민화와 조합한 아내의 작품은 밝고, 맑고, 산뜻 하였다. 아내의 작품을 본 Y교수는 서예작품에 색상이 너무 밝지 않느냐며, 약간은 부정적이더라고 하였다. 그래도 아내는 자기 방식대로 민화의 원색을 서예작품에 그대로 담아냈다.

그때는 중국과 문호가 개방되었고, 일본의 현대서예라는 작품도 우리나라에 선보이기 시작하였다. 일본은 중국과 달라서 문화교류가 자유로웠는데도 왜 일본의 현대서예가 이즈음에서야 선을 보였을까. 우리의 서예인들이 전통 서예에 매달리어 현대서예를 거부한 탓이 아닐까.

그런데 어떤 작품을 현대서예라고 불러야 하는지에는 정립된 이론이 없었다. Y교수도 자기 입으로 현대서예라고 말한 일은 없었다. 그러나 일반적으로 표현내용과 기법이 개방적이다. 다시 말하자면 장르의 개념으로 구분하지 않았다. 표현 영역을 확장한다, 라고 볼 수 있다. 그렇다면 아내가 지향하는 서예는 현대서예이다. 아내도 현대서예라는 말을 한 적은 없다. 막연히 Y교수의 작업방법을 따라 자기 세계를 만들려고 하였을 뿐이었다.

이때, 서울의 예술의 전당 서예전시관에서 중국, 일본을 아우르는 국제 서예 전시회를 개최한다고 하였다. 아내에게도 작품 의뢰가 왔다. 아내는 민화를 섞은 알록달록한 작품을 제출하였더니, 서예관 측에서 색이 없는 작품으로 보내달라고 하여, 전통 서예 작품으로 바꾸어서 보냈다. 전시회를 개관하여 서울에 가 보았다. 중국관과 일본관은 알록달록한 꽃밭이었고, 한국 전시관은 어둡고 컴컴하여 그믐밤 같았다. 전시회를 관람한 후에 아내는 색을 넣은 자기의 작품을 긍정하고, 신뢰하는 눈치였다. 이후로는 작품의뢰가 왔을 때 색이 있는 작품을 보내도, 주최측에서 아무 말도 하지 않았다.

이 일을 겪고 난 아내는 자신을 시대를 앞서 간 작가라도 되는 듯이 자부심을 가지는 눈치였다. 자신이 첨단 미술의 전위병이나 되는 듯이 생각하고 있다.

한국의 유명 서예인들이 나라의 문을 연 중국에 가서 중국 서예인과 교유하는 일이 마치 유행병처럼 번졌다. 내노라 하는 서예가들은 모두 중국을 다녀와서 중국과의 교류를 자랑했다. 나중에야 안 일이지만 문화혁명을 겪은 중국에서는 전통 서예는 거의 말살

되었고, 개인이 혼자서 취미로 전통 서예를 해온 서예인만이 가뭄에 콩 나듯이 남아 있었다고 하였다. 말하자면 전통서예의 맥이 끊어진 마당에 북경의 무슨 서예협회니, 상해의 무슨 서예협회니 하는 것은 없다는 것이었다. 그래서 서예의 본 바닥이라는 중국에서 현대서예란 말이 나온다는 것이다. 그런데도 중국을 갔다온 한국의 저명 서예가들은 중국의 대가를 만나 교유한 듯이 포장을 하여, 한국에 와서 자기를 광고하였다.

국전에서 거듭 고배를 마시고 실의에 젖어 있는 아내더러 당신이 실험한 작품을 가지고 서울의 갤러리에서 전시회를 한 번 가지는 것이 어떻겠느냐고 하였더니, 마음이 내키는 것 같았다. 아내는 전시회 준비를 하느라 몸도, 마음도 바빴다. 거기에 서울의 들플 선생 서실에도 나가야 하고.

그해 가을의 국전에 입선을 하였다는 반가운 소식이 전해졌다. 국전이 끝나면 몇십 명씩 국전을 통과하는 들풀 선생의 제자들이 자축연을 가진다. 아내는 초청이 오리라 기다리고 있었는데. 소식이 없었다. 자축연이 끝난 뒤에서야 총무로부터 미안하다는 연락이 왔다. 자신들의 입상자 명단에 이름이 없었다나. 발표를 보고 명단을 만드는데 왜 이름이 빠질까. 응모할 때 미리 만든다면 또 모를 일이지만.

나중에서야 알았지만 아내의 입선은 들풀 서실과는 전혀 무관했고, 심사위원으로 들어간 대구분이 뽑아주었다고 하였다. 그러니 자축연 명단에 들어있지 않았던 것이다.

나의 조언도 있었지만, 이제는 아내도 국전에 목을 매지 않고 나의 작품으로 전시회를 하여, 작품으로 나를 알리자는 생각을 하고 있었다. 그래서 인사동의 백악 겔러리를 전시장으로 정하고 열심히 준비했다.

아내도 십수 년 간의 경험이 쌓이면서 무엇이 서예계의 위계질서를 만드는지를 대강이나마 눈치를 챈 듯하였다. 나의 조언을 따라서 작품으로, 전시회를 통해 나를 드러내자는 생각을 하였다. 나도 세상 물정을 모르고, 책에서 읽은 논리만으로 말한 터인데. 내 말을 따른 아내도 세상물정 모르기는 나와 다르지 않을 것이다.

Y교수는 아내의 작품 활동에 거의 간섭하지 않았다. 그러나 서울에서 전시회를 할 때는, 전시장을 주선해 주는 등, 뒤를 봐 주었다. 본인이 전통 방식의 서예 작품을 만들기도 하였지만, 그의 전시회에서는 도판에 글자를 새기고, 다시 탁본으로 떠내는 방식을 고수했다, 그림도 넣었다. 먹색이거나 회색의 그림을, 그것도 미숙하기 짝이 없는 솜씨로 그린 그림으로 작품을 만들었으므로, 작품이 자아내는 느낌은 무겁고 칙칙하였다. 그래선지 아내의 작품이 너무 밝고 화려하다는 것에 부정적인 반응을 보인 것이 전부이다. 그러나 나는 요즘은 눈이 부시도록 밝음을 추구하는 것이 미술 경향이라면서, Y교수의 조언을 반드시 따를 이유는 없다고 말해 주었다.

아내는 백악 갤러리 전시회를 앞두고, 정말 열심히 준비하였다, 내 눈에는 지금까지 해온 방법으로는 앞날이 보이지 않는다고 생각하고, 전시회라는 새로운 방법에 잔뜩 기대하는 눈치였다. 전통 서예 작품도 만들고, 서각과 민화를 혼합한 작품도 만들었다.

도록도 만들고, 안내문도 만들었다. 전시 장소가 서울이니만큼 서울 사람이 많이 와 주었으면 하는 바람이었다. 들플 서실에서 회원으로 활동한 햇수도 자그만치 15년이니 그곳 회원님들의 전시회 관람을 기대하는 눈치였다. 나에게 말하기를 자기가 아는 서울 사람은 그들 회원이 전부라고 했다. 서실을 관리하는 여사무원에게 도록과 안내문을 맡겼다. 들플 선생은 만날 수 없었다. 그러나 전시 날자가 겹쳐져서, 백악 갤러리의 바로 맞은 편 화랑에서 스승님이 전시회를 가진다는 소식도 들었다.

들풀 선생이 전시회를 위해 작품을 거는 날에 스승님께 인사도 드릴 겸 아내는 찾아갔다. 서실 회원님도 나와서 일을 거드느라 와글와글 했다. 지난 날의 시골에 한옥을 지을 때의 분위기이더라고 했다. 들풀 스승이 얼마 전에 중국에 가서 그쪽의 유명 서예인을 만났고, 대륙의 서예를 배우기도 하였고 …… 이번 전시회는 그 기념이라고 하였다.

백악 갤러리의 아내 전시회장에는 예상 외로 낯선 사람들이 와서 둘러 보았다. 민화를 한다는 분은 그리기 기법이 잘못되었다는 지적도 해주었고, 년세가 많으신 분은 작품의 한문시를 줄줄 외우시며, 작가도 몰랐던 오묘한 뜻풀이도 해주더라고 하였다. 이 분들은 취미삼아 수시로 인사동에 나와서 화랑을 둘러보시는 분들이었다고 하였다. 이런 분이 계시니까 전시회를 하고, 전시회를 통하여 성숙하구나 하는 생각이 들더라고 말하였다.

전시회가 끝나고 작품을 거두어 차에 싣는 날이었다. 그날은 나도 서울에 올라가서 작품 철거하는 일을 거들었다. 아내의 얼굴이 너무 어두웠다. 일주일 내내 들풀 선생은 말할 것도 없고, 서실 회원님은 한 명도 전시장에 나타나지 않았다. 들플 선생의 전시장이 바로 앞이니 틀림없이 대부분의 회원님이 이 앞을 지나쳤을 것이다. 그런데도 약속이나 한 듯이 전시장에 한 명도 들어오지 않았다는 것이다. 나는 '약속을 한 듯이'가 맞다. 아마도 무언의 약속이 있었을 것이다, 라고 말해 주었다. 내가 그런 말을 하긴 하였지만, 당신의 뭔가가 회원에게서가 아닌 들플 선생님의 심기를 건드렸을 것이라는 것이 나의 생각이었다. 그리고 회원들은 스승의 눈치를 보느라.

이것이 아내가 들풀의 서실에 발길을 끊은 이유가 되었다. 내가 14년 동안 서울을 다녔다고 하면, 아내는 꼭 이렇게 말한다. '아니다. 15년이다' 15년을 강조하는 그 기간 동안 맺어온 인간 관계가 너무 허무하다는 것이다. 이후로 아내는 자기의 길로 나아갔다. 그럴 수밖에 없는 것이 Y교수도 작품을 탐탁찮아 하니까. 이제는 혼자서 걸어갈 수밖에 없었다. 간간이 Y교수에게 자문을 구하러 갔지만 서울과는 연을 완전히 끊었다. 국전에의 미련도 버렸다. 한 번은 내게 Y교수가 자신의 작품을 긍정적으로 보더라면서 좋아했다. 무어랬는데, 라고 하였더니, '밝은 색이 들어가도 작품이 괜찮네.' 라고 하더란다. 더는 말이 없고? 하니 그 말이 전부라고 하였다.

아내는 혼자서 가는 길이 얼마나 힘들고, 어렵다는 것을 실감하면서도 혼자서 걸어가기로 결심하였다. 작품에 대한 비판도 있었다. 그러나 누군지 모르는 사람이 전시장을 지나가면서 그냥 '이것도 괜찮네' 라며 툭 던지고 가는 말에 용기를 얻어서, 계속하여 작업했다. 그러나 아내는 자기 작품을 알아주는 사람이 없다면서 실망하는 일이 더 많았다. 그럴 때 내가 하는 말이 있다. '왕희자 같다는 아부성 발언을 듣고 싶어.'

근래에 와서 괜찮은 기분을 느낀 일이라면, 거의 잊고 있었는 국전의 소식이었다. 어떤 분이 자기가 국전의 심사위원으로 선정되어 내일 서울로 간다는 전화를 하더란다. 그래서 예 축하합니다 하고 전화를 끊었다고 하였다. 세상이 바뀐 것을 상전벽해 라고 한다든가. 이건 밭이 아닌 산이 바다로 변한 꼴이다. 이런 일이 일어난다는 것은 앞으로는 국전의 입상이 영광이 아니고 수치의 대상이 되겠다는 생각이 들었다. 전에는 국전에 입상했다고 서실 앞에 프랑카드도 내걸었다고 하던데. 이렇게 수치스런 일로 바뀐다면……, 이것이 바로 상전벽해가 아닌가.

자기의 작품세계를 찾아나선다는 것은 혼자서 가는 물소의 길만큼이나 어렵고 힘이 든다. 그렇더라도 아내는 그 길을 찾으려 16회의 개인전을 가졌고, 개인전을 가진 화랑도 서울의 가나아트로부터 파리의 루불 박물관까지 다양하다. 다른 서예인이 알아주지 않는다고 하더라도, 예전에 서울에 다니면서 인간에게 상처받았던 허무감보다는 훨신 낫다고 생각하였다.

나는 이문열의 소설 '금시조'의 마지막을 생각해보았다. 주인공은 자기의 작품을 왜 모두 불태우라고 하였을까. 도제제도에서 배우면 스승님의 작품을 복사하듯이 베끼는 일이 전부가 아닐까. 체본을 받아서 베끼는 것은 자기의 작품이 아니다. 예술가라면 자기의 작품을 남기고 싶어한다. 금시조의 주인공은 죽음의 순간에 자기의 작품을 찾으려고 하였다. 마지막 한 장까지도 자기의 작품은 없었다. 스승의 아류 작품 뿐이었다. 그런데 작품해설에는 자기가 인정하는 좋은 작품이 없어서라고 하였다. 아니다 좋은 작품이 아니고 자기의 작품이 없어서라는 것이 나의 해설이다. 예술가는 자기 작품을 남기고 싶어하고, 남겨야 한다.

예전에 국전에서 서예의 최고상을 받은 B선생이 오랜 만에 연락을 보내왔다. 개인전을 가진다는 내용이었다. 마침 예전에 함께 서예공부를 하셨던 분이 가자고 해서 아내는 그분을 축하해주려 갔다. 무척 반가워했다. 서울서 함께 공부하였던 분들의 얼굴은 물론 없었다. 서울의 들플 선생 서실 이야기도 자연스럽게 나왔다. 아내가 놀랐다면서 내게 전해준 말이, B선생은 마음이 고와서 절대로 남을 나쁘게 말하는 분이 아니라고 했다. 나도 그 분과 안면이 있으므로 그 말은 사실이다. 아내는 계속해서 말했다. B선생이 격하게 들플 선생을 비난하더라고 했다. 그러면서……. 나는 왜 인지 짐작은 갔지만 더 이상 묻지 않았다. 인간관계란 어떻게 맺어야 하는가를 생각하게 해주었다.

Y교수가 연락했다. 모 대학에서 자기의 작품을 전시회도 열어주고 작품 소장도 해주겠다고 하여 대구로 온다고 하였다. 나는 대구에서 점심식사를 하자면서 약속하였다. 얼마 전에 불교재단에서 성철스님 백주기를 맞아 예술의 전당 서예관의 전시실 전부(6전시실이 있다.)를 성철스님에 관한 작품으로 채우는 전시회를 가졌다. 아마도 Y교수의 그런 전시회들이 대학에서 작품을 소장하겠다고 한 이유가 되었다고 생각하였다.

작품으로는 들풀 선생이 월등 낫지요, 하면서 대학원의 제자들이 떠나갔다. 월등 낫다는 작품 대신에 제자들이 떠나간 그 분의 작품을 대학에서 소장하고 싶어 한다지 않는가.

교수님을 만나러 아내와 함께 나갔다. Y교수는 거듭 미안하다면서 식사 약속이 줄줄이 이어져 있어서, 개인이 아니고 단체와 하는 식사라서 우리와 약속을 지키기가 어렵다고 했다. 그야 축하할 일이지요. 그래서 우리는 약속을 취소하였다.

소설 '금시조'의 주인공은 죽음의 순간을 맞아서 자기 작품을 한 점도 남기지 않고 불태웠다. 들플 선생이 작품을 불태웠다는 소식은 듣지 못했다. 그 선생님의 작품은 어떤 대접을 받으면서 살고 있을까.

조금 전에 서예전문지에 실린 사진 한 장을 보았다.

들플 선생이 돌아가셨다는 소식을 들었을 때 제자들이 몰려가면 장례식장은 시장바닥이 되겠다고 생각하였다. 사진은 장례식

후에 묘지를 참배하고 찍은 사진이었다, 가족들과 제자와 지인이 함께 찍은 기념사진이었다. '에게, 스무 명도 안 되잖아. 여기에 가족을 빼고 나면 몇 명이 남아.' 그 많던 제자들은 모두 어디로 갔을까.

들풀 선생님은 이런 사진을 한 장 남기려고 그렇게 사셨나.

퍼즐을 맞추다

6.25 전쟁 중에 초등학교에 입학하였으니, 졸업한 햇수가 67년인가, 8년인가가 흘렀었다. 초등학교 동기 모임이 고향 마을에서 있다며 연락이 왔다. '누구, 누구도 온다더라.' 평생지기인 친구 Y는 나의 속 마음을 훤히 꿰뚫고 있어 내게 그리운 이름을 들먹이며 유혹한다. 요즘에는 시간이 없다기보다는 유혹의 말들에 예전처럼 마음이 쉬이 움직이지 않는다. 머뭇머뭇 하고 있으니, 차표를 예약해야 하니 빨리 결정하라며 재촉이다. '그래 갈게.' 얼떨결에 가겠다고 했다.

고향가는 기차는 무궁화호 완행열차이다. 예전에 칙칙푹푹 기차를 타고 함께 통학하였던 시절을 생각하니……,그때의 통학생 셋은 고향 가는 완행열차를 탔다. 우리는 대구에서 살고 있지만, 이 중의 한 친구는 만난 지가 5-6년이나 된 듯하다. 젊은 날에 단짝이 되어서 팔공산을 함께 올랐었던 친구인데, 만남이 뜸해진 건 순전히 세월이 흐른 탓이고, 나이 탓이다. 또 하나는 그 친구의 건강 탓이기도 하였다.

입담이 좋은 그 친구는 끊임없이 초등학교 동기들의 지난 이야기를 한다. 그들 중에는 나와도 친하게 지냈던 이름도 나온다. '**있잖아. 그 친구는 부산에서 살고 있는데, 허리를 다쳐서 꼼짝도 못한다더라.' 어릴 때 나와도 자주 어울렸던 이름이다. 내가 공부하러 대구를 떠난 후로는 만남이 없었고, 어디에 사는지도 몰랐는데, 부산서 살고 있다고 하였다. '형편도 어려운데 교통사고로 몸까지 성치 못해서…….'

우리는 신나게 이 친구, 저 친구의 소식을 전하다가도 잠시 잠시 말을 끊고 창 밖을 바라보곤 했다. 물보다도 풀과 나무로 뒤덮여서 푸른 풀색만이 시야를 메우고, 간간이 그 사이로 흐르는 물길 위로 햇빛이 반사되어 반짝이는 금호강이, 기찻길을 따라 이어지고, 이어지고 있었다. 나의 고향도 이런 풍경이다. 나는 방금 몸이 성치 않아 집에서 쉬고 있다는 친구를 생각하였다. 그의 집은 초갓집이었고, 썰렁해서 가난의 티가 줄줄이 배여 있었다.

'그 친구의 아버지는 제재소를 운영하는 부자였다더라. 친구의 아버지가 우리 고을의 좌익세력의 우두머리였단다. 붙잡혀 처형당하고, 제재소도 빼앗겼다더라.'

처음 듣는 말이었다. 내가 초등하교에 다닐 때의 제재소는 내가 늘 고맙게 생각하는 친구 S의 아버지가 소유하였다. 우리 고을 최고의 부자로, 정미소도 운영했다. 내 기억에 그네 집은 하루 종일 정미소의 기계가 돌아가는 소리로 시끄러웠다. 우리 고을 사람들이 모두 부러워하는 부잣집이었다. 그런데 제재소가 그 친구네 아버지의 소유였다고……. 나도 어렸을 때는 그 친구와 가까이 지냈다. 그러나 그런 말은 한 번도 들은 기억이 없다. 이 친구는 워낙 입담이 좋아서 소문도 진짜처럼 들리게 하는 말재주가 있으므로, 그의 말이 믿어지지 않았다. 아니 믿지 않았다. 혹시나 아버지가 좌익의 우두머리라서 말하지 않았을까?

그러나 우리 고을에 떠도는 말로는 제재소의 원래 주인은 형님네였는데, 형님이 돌아가시자 동생이 위탁받아 운영한다는 말은 있었다. 그 동생이 바로 S의 아버지시다. 내막이 어떠한지를 모르긴 해도 원래부터 소유한 것은 아니라는 것이다.

고향 모임에서 또 한 친구를 만났다. 이 친구는 스님으로 출가했으나, 불교대학을 나온 후에는 결혼하여 법사가 되었다. 이 친구가 대구 2군 사령부의 군종 참모로 왔을 때 만났으니, 아마도 20 수년 전이라고 기억한다. 지금도 지워지지 않는 기억이라면, 그 날은 벚꽃이 만개한 달밤이었고, 2군 사령부의 군종참모가 거처하는 숙소는 연못을 끼고 있었다. 만개한 벚꽃 위로 달빛이 쏟아졌다. 창 너머로 보이는 그 정경이 너무 멋 있었어, 지금도 나의 기억에 아름다운 풍경으로 머문다. 그 친구도 대구를 떠나자. 지금까지 만나지 못했다. 대구의 다른 친구들은 그의 법어를 들으려 법회도 참석하면서 더러 만났다고 하였으나, 나는 무슨 이유였는지 하여간에 만나지 못했다. 제대 후에 고향에서 사찰을 운영한다는 말은 들었으나. 부인이 아파서 절을 두고 떠나갔다는 소식도 들었다. 그 친구도 온다고 하였다.

나는 허리를 다쳐서 집에 머문다는 친구가 마음에 걸렸다. 그의 아버지가 좌익세력의 우두머리였다고? 우리는 좌익이 설치던 시대를 잘 모른다. 그러나 어머니는 '빨갱이 시대, 빨갱이 시대,' 라면서 단편적인 이야기들을 나에게 들려주곤 하였으나. 내가 기억해둘 만큼 마음을 흔드는 이야기는 아니어서 지금은 거의 잊고 지낸다. 고향 가는 차 안에서 친구가 이것저것 전해준 전쟁 전 시대의 이야기들이 새삼 어머니가 하던 말들을 생각나게 하였다.

"밤이 깊어지면 골목길에 빨갱이들이 뛰어가는 발소리가 두두둑 했어. 그런 날은 문고리를 잡고 밤을 새웠어."

"아침에 사립문을 열러 가면 삐라가 잔뜩 뿌려져 있더라."

"너네 아버지는 하룻밤도 집에서 자지 못했어, 밤마다 잠을 자러 다른 집으로, 다른 집으로 옮겨 다녔으니까."

"우리집 앞의 **어른 네 집은 빨갱이들이 불을 질렀어. 불 그림자가 우리집 창문에도 어른거렸어. 얼마나 무섭든지."

불이 났다는 **어른네의 손녀도 이번 모임에 참석하러 서울서 온다고 하였다. 학교에 다닐 때 얼마나 새침뜨기였는지, 말 한 마디 건네보지 못하였다. 그런데 할머니가 된 지금에사 모임에 참석한다면서 신나는 뉴스나 되는 듯이 전해 주었다.

"OO아제도 빨갱이 짓 하다가 부산으로 도망가셨잖아. 부산에서 지갯군 생활을 하면서 고생을 많이 했다더라. 공연히 쓸데없이 설치다가……. 조용히 농사나 지었으면 밥 굶지는 않았을 텐데."

어머니가 들려준 참 많은 말들이 머릿속을 휙휙 지나갔다. 그렇더라도 아득한 옛날 얘기일 뿐이다. 그런데도 지금 왜 그런 생각을 새삼 하는 것일까.

어머니의 말들이 계속하여 떠오른다.

"다음부터는 골목에서 빨갱이들이 우당탕하는 소리만 지르면, 배가 살살 아프면서 화장실에 가고 싶어지더라."

어머니의 말을 들으니, 나도 신경이 바싹 곤두서는 일이 있으면 배가 아프고, 화장실에 가고 싶다. 모전자전의 유전자 탓인가 보다. 역사도 유전자에 실린 듯이 세월을 타고 흘러내리는 것인지 모르겠다. 어머니가 말할 때는 그냥 어머니의 이야기로만 들었으나, 친구가 하는 말들을 들으니, 그 시대가 지금도 이어지는 우리의 역사로 들린다.

우리 동네에는 으시시한 골목길이 있었다. 초등학교 때는 으스름만 깔려도, 그길을 지나칠 때는 우다다닥 달음질을 했다. 빨리 달리면 달릴수록 나를 따라오는 발자국소리도 더 빨라졌다. 그곳은 젊은 순경이 빨갱이의 총에 맞아 죽은 곳이라고 들었기 때문이다. 우리 동네는 산 아래 마을도 아닌데, 이처럼 소름을 돋게 하는 이야기들이 어렸을 때의 나를 두려움 속으로 몰아넣었다.

고향 가는 완행열차를 타고 가면서 들었던 이야기에서 친구가 '좌익'이라고 한 말이 이제는 까맣게 잊고 있었던 두려움 속으로 나를 몰아넣었다. 지금은 잊은 채 살고 있지만, 유년의 기억들에 붙어있는 그때의 일들을 깨끗하게 씻어내지 못하였나 보다. 아니 씻어지지 않았나 보다.

그러나 무어니무어니 해도 초등학교 시절의 나의 기억에 가장 강하게 달라붙어 있는 사람은 친구 S이다. 그는 나에게 부러움의 대상이었다. 가장 부러웠던 것은 그의 방에 수북히 쌓여있던 문고판 세계 명작들이었다. 그는 나에게 그 책들을 순순히 빌려주었다. 부끄러운 이야기를 하자면 내가 소설은 읽어보았다고 하는 것 중에는 이때 읽었던 문고판 책들도 많다. 더 부끄러운 일은 아예 책을 돌려주지 않은 것도 있었다. 막말로 하면 떼어 먹었다고 해야겠지. 그렇다고 나에게 책을 돌려달라고 독촉한 일은 거의 없었다. 어쩌면 그는 책에는 아예 관심이 없었는지도 모른다.

이 친구는 거의 4-50년 전에, 운영하던 사업들이 모두 부도가 나서 고향에서 야간도주를 한 셈이 되었다. 그리고는 지금까지 나타나지 않는 친구이다. 지금은 그를 거의 잊고 지낸다. 더 슬픈 일은 부도가 난 그 친구를 고향친구들이 동정은 커녕 하나같이 욕을 하였다는 사실이었다. 가장 치욕적인 욕설인 인간성을 들먹이면서, 인간성이 더러운 넘이라는 것이다. 내 기억 속의 그 친구는 부잣집 도련님이고, 얼굴이 하얗고, 책을 잘 빌려 준 착한 아이였는데, 왜 인간성을 들먹이는 욕을 얻어먹는지, 도저히 퍼즐이 맞혀지지 않았다.

퍼즐이 맞춰지지 않는 일은 또 있었다. 우리의 초등학교 친구들이 그를 인간성을 들먹이며 욕하는 일은 청년기를 지날 때인 나중의 일이었다. 전후 사정을 들어보면 욕 얻어먹을 만하다는 생각이 든다. 초등학교를 다닐 때는 그보다 훨신 이전이었다. 하여간에 나로서는 초등학교 때의 일들이 기억에 남아 있다. 그 기억의 내용들이 지금까지도 이해가 안 갔다. 퍼즐을 아무리 맞물리게 하려 해도 물림의 이빨이 맞지 않았다.

우리는 아직 어린아이였다. 전쟁 중에 입학하였으므로 늦게 취학하여 나이가 우리보다 서 너 살이 많은 반 아이들도 있었다. 반 아이들 중에 S 친구의 아버지의 이름을 함부로 부르면서 또는 약간 비틀어서 모욕적으로 부르면서 S를 놀렸다. 왜 아들을 놀리는데 아버지의 이름을 들먹일까.

이때 S의 아버지는 학교에, 또는 우리 고을의 복지를 위해서도 많은 돈을 기부하고, 희사하였다. 존경받는 인물이었다. 우리 고을의 숙원사업인 중학교도 건립하였다. 우리 초등학교에도 많은 설비를 해주었다, 학생들을 모아놓고 친구의 아버지가 연설하는 일도 있었다, 아마도 학교에 많은 돈을 희사하여 감사장을 받는 행사장이었지 않았나 싶다. 우리 고을의 어느 분이 낸 책자에는 고을에서 영웅처럼 나타난 인물로 치켜세우면서 용비어천가를 쓴 글을 읽은 일도 있다. 내 생각에 그 글은 그분의 행적을 사실로 다루었지, 과장하거나, 억지로 추켜세우는 글은 아니었다. 그런데도 왜 S의 아버지를 비난하는 이런 말들이 우리의 교실 안에서 떠돌았는지, 알 수가 없었다. 우리는 스스로 어른의 세계를 판단할 만큼 아직 성숙하지 못한 어린이들이었다. 그런 우리가 무슨 판단력을 가졌다고 어른들을 욕할 수 있을까.

그렇지만, XX는(S 아버지의 이름을 함부로 불렀다.) 술만 먹으면……, 어른들이 S의 아버지의 흉을 보느라 쑥덕거리던 말을 들은 기억은 있다.

열차는 고향 역에 우리를 내려주고 산 모퉁이를 돌아서 사라졌다.

초등학교 적의 친구들은 식사를 하면서 인사를 나누느라 왁자지껄했다. 식사가 끝나면 해마다 치르는 행사가 있다나. 노래방에서 흘러간 옛노래 부르기 시간이라고 하였다. 나는 노래라면 질색이다. 기회만 있으면 슬슬 꽁무니를 뺀다. 그렇지만 여기서는 그럴 기회도 주어지지 않으니 어슬렁거리면서 뒤따라 갔다.

법사 친구가 내 손을 끌면서 찻집에서 이야기를 좀 더 나누자고, 노래방에는 조금 천천히 들어가도 괜찮다고 하였다. 그래 맞다, 이 친구도 노래방하고는 거리가 먼 일을 하는 사람이 아닌가. 두어 명의 친구도 우리와 함께 찻집으로 갔다. 이야기는 자연스레 초등학교 적의 친구 이야기이다. 더욱이 동기 모임에 얼굴을 내밀지 않는 친구가 궁금하니 화제에 오른다. 그 중에 한 명은……, 아버지가 다리 아래에서 좌익분자들과 섞여 총살 당했다든데……, 나는 부정확하게 알고 있는 정보를 꺼내어서 물어 보았다. '그 친구는 사정이 좀 달라.' 그 친구의 아버지는 정신병 환자였는데, 칼로 아버지를 난도질 하여. 그때는 경찰에서 적색분자의 검거를 할당지우면, 지서에서는 머리수를 채우려고 길거리를 어슬렁거리는 정신병자들을 잡아가서 처형장으로 끌고 갔다잖아. 그 친구의 아버지도 그랬다고 들었어.

법사 친구가 말했다. 그때는 이쪽저쪽 따지기 전에 억울한 죽음도 많았을 거야. 우리 아버지는 불자라고 좌익의 손에 돌아가셨잖아. 저네들과 생각이 다르다고 목숨을 빼앗었잖아. 그래, 그때는 그랬다. 억울해도 하소할 곳도 없었고…….

법사 친구는 잠시 침묵이 흐른 뒤에 S 이야기를 꺼냈다.

"이 친구가 고향을 도망치듯이 뛰쳐나온 뒤에도 서울에서 나를 더러 만났어. 내 직업이 마음이 아픈 사람을 만나주는 일이잖아. 나를 만나자고 한 것은 자기의 마음이 괴롭다는 것이 아니겠어. 나중에는 만나자는 연락도 하지 않더라마는, 고향에서는 욕을 많이 얻어먹었지만, 그 친구의 이야기를 들어보면, 동정이 가는 부분도 있더라. 이 친구가 잘했다는 것은 아니고, 인간적인 아픔이 있었구나 싶더라."

"나름의 사정이 있겠지. 이 친구가 이곳에서 사라질 때, 아버지도 흔적 없이 자취를 감추셨거든, 이곳 사람은 그 어른이 죽었는지 살았는지조차도 몰랐거든, 미국의 딸네 집으로 갔느니 하면서 말들이 많았어. 얼마 전에 돌아가셨다면서, 고향이라고 이곳에 장지를 잡았더라. 그때서야 한국에 계신 줄을 알았다고 하더라. 아들이 부도내고 도망갔는데, 어른까지 왜 꼬리를 감춘 거지."

법사 친구가 말했다.

"상지에 이곳 고향 사람은 한 사람도 얼굴을 내밀지 않았나고 들었다. 인심을 잃었다는 뜻이 아니겠어. 아버지도 아들과 함게 자취를 감춘 이유가 아니겠어."

"어른께서 인심을 잃었다고?"

나는 우리 고을을 위해서 좋은 일을 많이 하신 분으로 알고 있었으므로 조금은 이외였다.

"S가 고향을 등진 것은 아버지와도 관련이 있는 것 같더라."

법사 친구는 내가 무슨 말인지를 알아들을 수 없는 아리송한 말을 했다. 나는 S를 절대로 나쁘게 생각하지 않았다. 어릴 때 빌린 책을 모두 돌려주지 못해 내가 죄의식을 느끼고 있는 친구가 아닌가. 전에 쓴 내 수필에서 어릴 때 그 친구를 통해 읽었던 수많은 책 이야기를 하면서 고맙다고 여러번이나 말하였다. 성인이 되고 나서 그와 내가 걸어가는 길이 다르기 때문에 만나지 않을 뿐, 아니 만나지지 않을 뿐 그 친구가 나빠서이라고는 손톱만치도 생각하지 않았다.

같이 차를 마시던 친구가 입을 뗐다.

"자기로서는 그런 사연이 있겠지만, 고향 친구들에게는 욕을 엄청 얻어먹었다. 내 생각에도 욕 얻어먹을 짓을 했다고 생각해."

"어쨌는데?"

"초등학교 동기들이 무슨 행사를 하면서 동기들에게 경비를 걷으러 다녔어. S, 이 친구는 우리 고을에서 갑부 중의 갑부니까 잔뜩 기대를 하고 찾아갔었는데, 칼로 무자르듯이 싹 거절하더라잖아. 그것도 내가 너희들과 무슨 인연이 있는데, 동기라는 핑계로 다시는 찾아오지 않았으면 좋겠다. 라고 하더래."

"좀 심하다. 동기들과는 미움이 쌓여 있더라도, 고향에서 사업을 하면서 그렇게 해서는 안 되는거잖아."

나는 초등학교에 다닐 때 교실에서 아버지를 들먹이며 S를 놀려대던 일들이 떠올랐다. 한 번은 질질 울면서 집으로 갔고, 누나가 손을 잡고 학교로 데리고 온 일도 생각났다.

“그 뿐만이 아니고, 사업을 키우면서 경주에서 제일 큰 제제소를 인수하여 옮겨 갔어. 동기회의 다른 집행부가 멋도 모르고 또 찾아 갔더라나. 이때도 땡전 한 푼 찬조하지 않고, 찾아오지 말랬는데 왜 왔느냐며 창피를 주더라지 않아. 그래서 이 친구는 고향에서……”

나는 입을 다물고 듣기만 하였다. 어쩌면 내가 변명해 주어야겠다고 생각했지만 변명할 여지가 없어 보였다.

“그것만이면 다행이게, 염장을 지를 일이 또 있어. 들려오는 말로는 경주의 권력자 가족을 자기가 모든 경비를 부담하여 휴가를 보내주었더라고 자랑하더라는 말도 들려오니까. 사업상 그럴 수도 있겠지만, 동기회 행사에 땡전 한 푼 내놓지 않으면서 그걸 고향 친구 앞에서 자랑이라고 늘어놓을 일이야. 우리 사이에는 ‘죽일 *, 살릴 * 하면서 분노의 욕말들이 들끓었어. 그리고는 멀어진 거지.”

가만히 듣고 있던 법사 친구가 거들었다. 그 친구의 이야기를 들으면 그의 심사가 이해도 가지만, 이런 처신은 정말 잘못이라고 했다. 내가 듣기 싫은 소리를 하니까, 나중에는 나까지도 피했는지 모르겠다고 했다.

“어른이 우리 고을에서 얼마나 존경받은 분인데, 친구는 왜 그런 억하 심정이 생겼을까.”

“아니야, 그 어른께서 우리 쪽에만 돈을 많이 희사한게 아니고, 저쪽 진영에도 뒷 돈을 대었다고 하더라. 말하자면 양다리를 걸친 거지.”

“그 시대에…….”

"화살을 피하려고 한 짓인데. 자기가 살아나려고 꼼수를 부린 짓이 아니었겠어. 그렇다고 모든 사람에게 인심을 얻을 수는 없잖아. 아버지께서는 격동의 시대를 살면서 한쪽만을 바라볼 수가 없었던 거지. 그렇게 사는 것이 현명하다고 판단하였겠지. 그렇게 해서인지 부자가 되어서 떵떵거리면 살았지만, 어디선가에는 욕하는 사람도 있었을 거야."

"우익의 중심 역할을 한 것이 아니고."

"중심 역할을 했지. 그러니 많은 이득도 챙기고, 우리 고을의 최고 갑부가 된거지. 그러나 또다른 이야기도 있었다는 거야. 그래서 이를 북북 가는 사람들도 있었으리라는 거지."

"그랬었구나. 사람사는 일이란 복잡하구나."

"우리가 초등학교에 다닐 때, 어린 우리가 무엇을 안다고 그 친구 아버지를 들먹이며 놀렸었겠어. 놀리는 아이는 자기집에서 어른들이 수군거리는 소리를, 욕설하는 소리를 들었기 때문이 아니겠어."

법사 친구의 말을 듣고, 생각해보니 이제야 희미하나마 퍼즐의 한 조각이 제 자리를 찾아간다는 느낌이다. 그렇다고 하여 법사의 말이 사실인지, 아닌지는 모를 일이다.

나는 지난 날을 뒤돌아 보았다. 그가 나를 가깝게 대해 주었는지, 아닌지는 모르겠지만, 나는 그에게서 많은 책을 빌렸고, 그도 주저없이 책을 빌려주어서 아주 고마운 친구로, 더 나아가서 나와는 가까운 사이라고 생각하였다. 그런데 그가 대구의 명문 고등학교로 진학하고서는 그와 나 사이가 멀어진 듯하다. 방학이 되어도 친구라며 만난 일이 거의 없었다. 만나지를 않으니까 책을 빌려보는 일도 없었다. 우리는 그가 명문 고등학교로 진학할 실력을 갖추었는지에 대해서도 이러쿵저러쿵 말들이 많았다. 의심하는 만큼이나, 그는 우리와 멀어졌고, 이것도 그가 고향을 외면하는데 한 몫을 하였을 것이다. 이것이 우리의 고향 친구들과 그 친구와의 관계였다. 나는 의심보다는 이제는 가까운 친구 사이가 아니구나 라며 섭섭하게는 생각하였다. 그렇게 느낀 것이 전부였지 상말을 할 만큼 나쁘게는 생각하지 않았다. 대학을 다닐 때는 간혹 마주치더라도 그냥 인사만 나눌 뿐이었다. 그리고는 어떻게 사는지도 모르는 사이가 되어 버렸다. 그렇다고 하여 내가 그를 나쁘다고 원망해본 일은 한 번도 없었다. 이제는 내가 그에게 책을 빌리려고 고분고분해야 할 처지가 아니었기 때문에 미워할 일도, 그렇다고 고마워할 일도 없다 보니 그냥 무덤덤한 사이가 되었으리라.

내가 결혼하고 어머니를 뵈오려 고향에 들른 길에서 S를 만났다. 고향에 내려와서 아버지의 사업을 이어 제재소를 맡아 운영한다고 하였다. 아내와 걸어가던 길이라서 악수를 하고서는 잠시 인사말을 나눈 것이 전부였다. 이 친구가 고향에 와 있구나 라고, 그때 처음으로 알았다, 그리고 곧 고향의 친구들이 그에게 욕설을 퍼붓는다는 소문을 들었다.

나의 기억에 남아 있는 초등학교 적의 친구가 누구일까. 뚜렷이 떠오르는 얼굴이 없다. 그만큼 나는 친구 사귀기에는 잼병이었다.

그래서 나의 어린시절은 동화와 만화책에 파묻혀서 지냈고, 내게 책을 빌려주었던 S를 많이 기억하는지도 모르겠다. 그렇다고 하여 S와는 마을 친구들처럼 어울려서 뒹굴고 놀았던 기억은 거의 없다.

매일 어울려서 들녘으로 산으로 쏘다녔던 친구는 우리 마을에서 골목을 끼고 옹기종기 살았던 동네 친구이다. 그들도 뿔뿔이 흩어져서 지금은 만나지 않고 살고 있으니 어린시절 이후의 기억은 없다. 그렇지만 우리 고을의 이름만 들어도 나는 가슴 속이 짠해진다. 초등학교 친구는 얼굴로서가 아니고 고향의 고을 이름이, 학교의 이름이 나를 불러내서 그들과 묶어주었다. S도 고향 친구를 멀리 한다더라도 우리 고을의 이름을 들으면 그리움의 문이 열리고 분명 향수는 눈물이 되어 흘러내리리라 싶다.

그러나 법사 친구는 이렇게 말했다. 그 친구는 고향이라서 애정을 느낀 일은 한 번도 없었고, 어떻게 하면 고향을 떠날까 하는 생각만 하였다고 하더라 했다. 초등학교 때 겪었던 하나하나의 기억들이 모두 아픈 트라우마로 자기를 괴롭혔다고 하더란다.

법사 친구는 S의 이야기를 계속하였다.

"사업이 엄청 잘 되었다더라. 그래서 경주에서 제일 큰 제재소를 인수하여, 사무실을 경주로 옮겼고. 고향 마을에서 제재소를 운영할 때와, 경주 시내로 나와서 운영할 때는 경영 방식이 다르다고 하더라. 로비도 해야 하고, 권력층에 줄을 대야하고……, 그때는 그랬잖아."

그 친구의 말이라면서 법사 친구가 전해주었다. 사실은 이때가 S의 입장에서는 최성기였다. 최고의 시절을 구가하다 보니 자기가 살아온 방식에 무한한 신뢰를 가졌다는 법사 친구의 말이지만, 이건 사실일 것이다. 그때는 사회가 얼마나 혼탁하였는가. 바로 이때. 고향의 학교 동기회는 행사를 앞두고 이 친구에게 찬조를 얻으려 찾아갔고, 찬조는 커녕 문전박대만 받고 쫓겨났다고 한다. 고향 친구들이 입에 거품을 물고 욕하는 일도 나무랄 수 없으리라. 이런 일들이 소문이 되어서 내 귀에까지 흘러왔다. 나도 모르게 S를 욕하는 고향 친구의 편에 기울어져 있었다. S가 몰랐던 사실 하나는, 자기가 나쁜 사람이 되어버리면 아버지에게도 좋지 않은 영향이 미친다는 것이다. 아버지의 과거사도 들먹여진다는 사실이다.

법사 친구는 나와는 다른 관점에서 이 친구를 나쁘게 평가했다. 그는 말하기를 그 친구의 사정을 알고 나면 이해가 가는 부분도 많지만, 근본적으논 본인의 잘못이 많은 거야. 라고 했다.

고향 친구들에 대한 악 감정으로 문전박대를 한 것은 이해해 줄 수 있다 하더라도, 왜 바람을 피워서 요조숙녀같은 부인을 멀리하고, 마침내는 헤어지는 거야. 이게 더 큰 나쁜 일이야, 지금 부인이 세 번째야. 라며 법사 친구가 흥분해서 말했다. 돈을 믿고 바람을 피웠다는 것은 도덕적 평가이지만 사생활일 수도 있다. 그러나 수도(修道)를 중시하는 법사의 입장에서는 이것이 훨씬 더 나쁜 짓이라고 하였다. 세 번째 부인이라는 말은 나는 처음 듣는 사실이다. 내가 생각한 어릴 때의 그가 아니었나 보다. 법사 친구가 보기에는 돈이라는 사이비 종교에 사로잡혀서 도덕을 개무시하는 이단자가 되어 있었나 보다.

"이곳에서 전성기를 구가할 만큼 사업이 번창했다는데, 왜 쓸데없이 낯선 곳에 가서 무리하게 투자하여 망했는데?"

이건 내가 늘 궁금하게 생각하던 일이었다. 고향에서 번창하던 사업체만 살뜰히 꾸렸다면 등 따습고, 배부를 텐데, 하는 것이……. 여기에는 세상을 소극적으로만 살아 온 나의 눈이 세상을 바라보는 소극적 시각이기도 할 것이다.

법사 친구가 그를 자주 만나 인간사 이야기를 많이 들었다 하더라도 개인의 세세한 삶의 내막까지야 알 수 있을까? 그러나 법사 친구는 그의 말을 전한다면서 이렇게 말했다.

"그에게 최고의 소망은 이곳 고향을 떠나는 것이라고 하더라. 자기를 모르는 곳으로 훌쩍 도망가는 거라고 하더라. 그래서 이곳의 재산을 새 사업에 몽땅 쏟아부었다고 하더라. 그의 말대로라면 무리하게 투자를 하였으리라고 추측이 되거든. 그렇지만 그때는 젊었고, 또 사업이 한참 잘 되던 때라서, 실패의 두려움이 없었던 것도 한 몫을 한 것 같더라."

"거참, 이곳 사람들이 무슨 상처를 심하게 주었다고. 떠나려고 해, 나만 하더라도 고마운 친구로 생각하고 있는데."

"우리가 모르는 사실들이 있을 수도 있겠지."

이것이 법사 친구가 한 말이다. 더 이상은 법사 친구도 모를 것이다.

들려오는 소문으로는 전국적으로도 이름이 알려진 사업체를 인수하였다면서, 우리 고을에서 신흥 재벌이 태어난다는 말도 있었다고 한다. 그는 마음의 상처를 돈으로 덮으려는, 더 나아가서 복수의 마음으로 무리하게 투자한 것이 아닐까? 그의 사업이 왜 기울어졌는지는 모르지만, 부도를 막으려 동분서주한다는 소식이 이곳 대구까지 들려왔다. 그 친구는 고향 마을의 장터에서 작은 가게나 하는 친구가 아니고 우리 고장 출신 사람 모두에게 관심이 쏠릴 만큼 유명 사업인이었기 때문이었다. 소문대로라면 은행 빚이 쌓이자 그가 그렇게 싫어한다고 한 우리 고을 사람을 찾아다니면서 많은 돈을 꾸었다고 하였다. 막상 어려움이 닥치니 그래도 손 벌릴 곳이 고향사람이더라는 뜻이기도 하다.

사업이 부도나자 소문도 없이 고향을 떠나버린 것이다. 바람에 실려 오는 풍문으로는 끼니도 어려울만큼 고생살이를 한다고 했다. 그런 걸 보면 자기만 살려고 한 몫을 챙겨서 도망간 나쁜 사업주는 아니었다.

그런데, 친구의 아버지마저도 고향 마을에서 자취를 감추신 것이다. 내가 들은 말로는, 그 영감, 아들을 잘못 둔 탓에 늙으신 몸이 고생한다는 정도였다. 이들 가족이 어디에서 산다더라는 소문만 무성했다. 도망가서 잘 산다더라는 소문이 아니고, 부적 고생한다는 내용이어서, 측은한 마음을 자아내었다.

듣기 거북한 말이라면, 동기회에서 찬조를 받으려 갔을 때 푸대접받았다는 이야기쯤이라고 할까. 이렇게 망할 것을, 그때 좀 잘할 일이지, 라는 정도였다.

법사 친구가 덧붙인 말이라면 나중에는 자기도 만나지 않더라고 했다. 그러면서 사람이란 누구나 마음 속에 좋은 일도, 나쁜 일도 가지기 마련인데, 어느 하나에 너무 매달리는 일은 좋지 않다나. S는 집착하지 않아도 될 일에 너무 매달린 듯하다면서, 하기야 자기의 마음이 그쪽으로 쏠리면 걷잡을 수 없겠지만, 그래도 마음을 다스려야지 했다.

마음을……, 마음을 다스리는 일이 어디 쉬운가.

내가 어릴 때는 소에게 풀을 뜯기러 자주 산마루에 오르곤 하였다. 우리 고을 전체가 한눈에 들어왔다. 시골 동네는 조용했고, 집들 사이로 골목길은 구불구불했다. 시골 집의 담장 안에는 나무들이 서 있다. 산 아래 모습은 그림처럼 보일 뿐 사람의 말소리는 말할 것도 없고, 바람 소리도 들리지 않는다. 저 골목길에는 어머니가 문고리를 잡고 밤을 새우도록 한, 우두두둑하는 발자국 소리가 밤의 적막을 깨뜨렸을 것이다. 내가 마을 동무네 집의 사립문에 붙어서서 **야! 하고 친구의 이름을 부르는 소리가 골목길을 따라 울려퍼졌을 것이다. 그 모든 것들이 가라앉은 자리에 침묵만이 무겁게 자리잡았을 것이다. 침묵 속에서도 시간은 흐르면서 온갖 세상사 일들이 이리저리 부딪히면서 덜컹거렸나 보다. 총소리도 났고, 집채가 불길에 휩싸이는 일도 있었던 곳이다. 비록 눈에는 보이지 않지만 온갖 증오심이며, 죄책감까지도 골목길을 떠돌아 다녔었나 보다. 그렇더라도 시간은 뻔뻔하던 감정들을 소금물에 담궈 둔 배추잎처럼 숨을 죽여 준다. 산마루에서 바라본 마을은 조용한 그림으로만 보여졌다. 그런데도 아픈 감정을 떨쳐내지 못한 사람들도 있었나 보다. 지금은 새삼 그때 일을 꺼내서 들먹이는 사람은 없다. 내가 초등학교 동기와 나누는 이야기 속에서나 숨 쉬고 있을 뿐이다.

고향 마을을 휘저었던 사건들도 세월에 묻혀 잊혀져 갔다. 그리고 S가 저지른 사건도 수십 년이 흘렀다. 이제는 S가 고향을 온통 들썩이게 하였던 부도 사건들도 잊혀졌다고 생각한다. 왜냐면 그때 주역의 역할을 하신 많은 분이 고인이 되었다. 우리의 기억에서는 희미하게나마 남아 있을지라도 우리의 고향 마을에서는 잊어버린 과거사가 되어 버린 것이 아닐까.

S네 가족사도 세월에 떠내려 가버려서 흐릿한 데도, 피해를 보았다고 생각하는 후대들이 지난 일을 기억하고 있을지는 모를 일이다. 기억이란 피해를 본 사람일수록 더 잘 보존한다지 않는가. 세월이 흐르면 기억이란 사실과 달라질 수 있으며, 얼마든지 과장되어질 수도 있기 때문에, 거짓 사연인데도 공연히 가슴에 원망을 품고 있을지는 모를 일이다. 시간 속에는 눈에 보이는 것은 아무 것도 없다. 그냥 소리도 없이 흐르기만 한다. 보이지는 않지만 아픔도 슬픔도, 너무 많은 등등의 것들이 시간에 얹혀 흐르면서 우리를 괴롭히고 있나 보다. 지워졌으면 좋으련만, 지워지지 않으니……, 인간들의 세상 사는 일이란 이리 꼬이고, 저리 꼬이면서 우리를 고달프게 하는가 보다. 과거는 오늘을 만드는 원인이 되고, 오늘은 또 먼 훗날에 일어나는 일의 원인이 되고……, 친구 S의 이야기를 하다가, 문득 이런 것을 인연의 끈이라 하는가란 생각이 든다.

초등학교 동기로 대구에서 함께 살고 있는 평생지기 친구 Y가 전화했다. 고향일을 많이 맡아서 함으로 고향통으로 통하는 친구이다.

"S 소식을 들었데이. 거의 40년 만이네."

"어디서 살고 있어."

"서울은 아니고, 서울 부근인 것 같더라."

"잘 살고 있고?"

"그게……, 얼마 전에 어른이 돌아가셔서 장지를 고향 땅에 잡았더래. 그때서야 고향사람들이 그 어른이 한국에서 사신 줄을 알았다고 하더라. 고향 사람들이 장지에는 아무도 찾아가지는 않았다더라. 상주들도 쉬쉬 하면서 치른 장례였고."

"어렵게 살았구나."

"몸도 성치 않다고 하더라."

"……"

고향 사람들이 장례를 치루는 줄 알면서도 찾아가지 않았다는 것은, 미움도, 고마움도 이제는 빛이 바래버린 역사 속의 한낱 누더기 조각이 되어 버렸다는 뜻이 아닐까. 미움이 남아 있었더라면 장지에 찾아가 난리를 쳤을 텐데. 그리고 존경하는 인물로 남았더라도.

나는 말문이 막혔다. 그냥 멍한 기분이었고, 그에 대해서 무엇이 알고 싶은지도 생각나지 않았다. 친구는 말했다. 서울의 지인을 통하면 전화번호는 알 수 있을 거라고 했다.

"그러면, 네가 그 친구의 통장번호를 좀 알아봐라. 네가 금융관계 일을 하니 내 말을 하지 말고 생활비를 조금 보내주자. 내가 부담할게."

"알았다."

며칠 뒤에 전화가 왔다. 전화번호를 알아서 통화를 하였는데, 통장번호는 한사코 말하려 하지 않아서, 네 이름을 댔다. 그래도 우리들 중에 너와 제일 친했다 싶어서……. 그래도 통장 번호를 말하지 않더라고 했다.

그러면 내가 어릴 때 너한테 책을 많이 가져다 본 것이 고마워서라고 해봐라. 떼먹기도 했다고 해라. 그 덕에 내가 지금 글도 쓰는 사람이 되었다고 해라.

며칠 뒤에 다시 전화가 왔다.

"그렇게 말했더니 한 1분 쯤 아무 말도 않고 있더니, 그렇다면, 하고 통장번호를 말해 주더라."

그리고 다시 시간이 흘렀다.

이번의 고향의 초등학교 동기회에서 만난 법사 친구는 S가 거동이 불편하여 휠체어에 의지한다고 전해 주었다.

그러면서 S의 불행을 두고 인간이란 자기의 마음이 자기를 다스려야 하는 건데……, 불행한 삶의 고리를 자기가 끊어야 하는 건데, 하였다.

그러나 나는 이런 생각을 해보았다.

시간은 보이지도, 들리지도 않는다 하더라도 역사를 만들면서 흐른다. 역사는 흔적을 남기고, 흔적은 먼 훗날까지도 인간사에 이런

저런 간섭을 한다. 사람에 따라 그 간섭을 어떻게 받아들이는지는 다를지라도. 자기의 마음도 어쩌지 못할 만큼 우리의 삶에 영향을 주는 수도 있다. 나는 비록 퍼즐이 맞아지지 않더라도, 억지로 맞추려하지 않고 살아왔다. 그 퍼즐이 이제야 맞아지면서 세상사란 어떤 것인지를 흐릿하게나마 말해 준다.

친구 S를 생각하면서 느낀 것은, 인간사란 눈에 보이지 않는 인연의 끈으로 이리저리 묶여있다는 것이다. 끊고 싶어도 쉽게 끊어지지 않는 것이 인연의 끈이다. 내가 어머니에게서 들었던 아득히 먼 날의 일들이 인연의 끈이 되어 나의 주변에서 흔적을 만들고 있듯이, S도 지금 우리에게 흔적을 남겨주어 그가 살아온 삶의 퍼즐을 맞출 수 있게 해준다.

인연의 끈이 나를 옥죄오면, 끊을 수 있는 방법은 오직 내 마음이다. 나는 뒷날에 인연의 끈이 어떤 매듭을 지을지를 생각하면서 살고 있는가?

백신애 문학관 답사기

경북여고 총동창회에서 문학관 답사기를 써 달라는 원고 청탁을 받았다. 원고 청탁을 하는 의도는 유명 문학관의 답사기를 말하는 듯하였으나 내 생각은 달랐다.

우선 경북여고가 영남지역에서 가장 유명한 여자 교육기관일뿐더러, 긴 역사를 가진 명문이다. 명문 학교답게 사회에 미치는 영향력도 크다는 생각에, 경북여고라는 명문 학교에 걸맞는 문학관을 선택하여 대구에 문학관을 건립하는데 도움을 받았으면 싶었다.

대구에는 내세울 만한 문학관이 없다는 것이 언제나 내 마음에 걸렸다. 이왕이면 원고 청탁을 한 경북여고 동창회의 무게에 어울릴만한 문학관이 없을까를 생각하다 문득 영천의 백신애 문학관이 생각났다.

그녀의 문학적 성취가 중요한 것이 아니라. 우리나라에 새로운 문화가 시작할 때, 말하자면 전통사회에서 막 벗어나려는 시대를 살면서 그가 펼친 선구자적이고, 개척자적인 활동이 대구-경북 문학사, 더 나아가서 한국 문학사에 의미 있는 역할을 하였다고 생각했다.

그 보다도, 몇년 전에 백신애 문학관을 방문하였던 기억이 떠올라서였다. 문학관이라 하여 거창한 건물이 지어져 있는 것이 아니고, 길가의 평범한 건물에 겨우 10평 남짓한 작은 사무실형 구조를 하고 있었다. 관리인이 상주할 수 없어서 평소에는 문을 잠궈두었다가가 방문객이 찾아오면, 문학관을 관리하는 영천의 문학단체 회원이 나와서 문을 열어주고, 문학관을 안내도 해준다. 관리비가 적게 든다고 하였다. 내가 백신애 문학관의 방문지로 선택한 이유도 '작은 문학관'이라는 생각에서였다. 어쩌면 문학관의 불모지나 다름 없는 우리 대구에서도 '작은 문학관' 운동을 펼쳐야지 않을까 하는 생각을 해보았다.

몇 해 전에 대구문협의 일본 문학관 답사 여행에 동참한 일이 있었다. 내가 인상 깊게 보았던 것은 어마어마한 건물이 지어져 있는 소세끼 문학관이 아니라 작고 작은 도자이 오자무의 문학관이었다, 일반 주택가에 있는 가정집 규모였다. 동호회 회원이 돌아가면서 문학관에 나와 문학관을 지킨다고 하였다, 문학관에는 사진을 비롯하여, 당시의 신문기사까지, 그와 조금이라도 관련이 있는 지료를 모두 보관한다고 하였다. 동호회원이 직접 관리하니 관리비도 거의 들지 않는다고 하였다. 그때부터 나는 우리 대구에서 작은 규모의 문학관을 만들 수 없을까 하는 생각을 하였다.

나는 현진건 문학관 건립에 관심을 가지고 현진건 자료를 찾으러 방방곡곡을 돌아다닌 선배 문인을 알고 있다. 그 분 말씀이 우리가 무관심한 동안에 작가의 자료는 거의 흩어지고, 지금은 남아 있는 자료가 거의 없더라고 했다. 서울에 현진건님의 무남독녀가 생존해 계셨는데, 찾아 뵈웠더니, 팔순의 나이였고, 보관하는 자료가 없더라고 하였다. 선생님이 워낙 가난하게 사신 분이라 셋방을 전전하면서 자료를 보존할 여유가 없었으리는 것도 원인이지만, 자료를 구한다고 돌아다녀 보니, 이미 시기적으로 너무 늦더라고 말씀하셨다. 그때가 벌써 10여 년 전이니, 지금은 자료를 모으기가 더 어려울 것이다.

솔직히 말해서 내가 방문지로 영천의 백신애 문학관으로 정하였지만 백신애에 대해서 아는 것이 거의 없었다. 경북대학교 사범대학 국어과에서 근대 한국 소설사를 강의하고, 지금은 은퇴한 이주형 교수가 고등학교 동기여서, 문학관 방문에 동참하기를 권했다. 기꺼이 응락하여 둘이서 대중교통을 이용하기로 하였는데, 전 대구문협회장이었던 공영구 시인이 내 말을 듣고 자기 차로 같이 가자고 하였다 이렇게 하여 2024년 7월 4일 아침에 영천으로 향했다. 7월의 햇살은 뜨거웠다 에어컨이 되어 있는 공영구 회장의 차를 타고 다니느라 몸이 호강을 했다.

뿐만이 아니고, 영천의 유명한 '할매 소머리 국밥' 집에 들러, 그것도 원조 할매집이라는 데에 들러 입 호강도 했다. 영천 시가지의 뒷산 등선 너머에 있는 커피집에서 마시는 커피맛도 시골 분위기를 곁들여서 일품이었다.

백신애(1908–1939)는 경북 영천 출신으로, 길지 않은 생애를 불꽃

같이 살다 간 여성 소설가이다. 그녀는 여러 분야에서 펼친 활동들이 너무 왕성하여 그의 문학이 오히려 가리워지는 양상이다. 그런 의미에서 그녀는 신시대를 살았던 신여성(진보여성)으로 말하는 것이 더 맞을 것 같다. 그러나 영천 시민이 백신애 문학관을 만든 것을 보면 영천 사람들이 그녀를 무엇보다도 문인으로 기억할 뿐만 아니라 영천 사람들이 사랑하는 문인이 되어 있었기 때문이다.

백신애의 아버지 백내유는 영천 창구동에서 정미소를 하였다. 어머니는 이내동(李內東)이고, 그녀는 외동딸이다. 백신애의 알려진 이름은 다섯이다. 무잠(武簪), 무동(戊東), 술동(戌東), 신애(信愛), 박계화(朴啓華) 등이고, 모두 실제 사용하였던 이름이다. 아버지는 영천서 내노라 하는 부자였다. 영천의 손꼽는 갑부의 외동딸인 백신애는 부족한 것 없이 여유롭게 살았다.

백신애는 책 읽기를 아주 좋아하였다. 책을 많이 읽다 보니, 그때 물밀듯이 들어오는 신학문을 만나면서, 관심이 저절로 생겼다. 신학문을 익히려면 학교에서 공부해야 함으로 진학을 원했으나 아버지는 허락하지 않았다.

"집에서 한문을 익히고 중학교 과정은 강의록으로 공부하면 그만이지, 여자가 학교에 가서 무슨 공부를 한다고."

그때의 아버지는 모두가 그렇게 생각하였다. 그러나 자식 이기는 부모가 없다고 하듯이 교사가 된다는 조건으로 대구의 도립 사범학교 강습과에 진학했다. 이리하여 백신애는 경북공립사범학교의 여교사 제1호가 되었다.

백신애 뒤에는 늘 오빠 백기호가 있었다. 오빠는 그녀가 아무런 훼방 없이 책에 몰두할 수 있도록 뒤를 봐주었다. 그래서 오빠를 따르고 무척 신뢰했다. 식민시대의 지식인으로 오빠 백기호는 책 읽기만을 뒤봐 준 것이 아니었다. 그가 지녔던 사회주의 사상도 백신애에게 그대로 이식하였다

적극적인 성격이었던 그녀는 1925년 사회주의 성향의 '조선여성동우회'와 '경성여성청년동맹'에 가입했다. 이로 인해 교사직을 권고사직 당하였다. 솔직히 말하자면 학교에서 그냥 쫓겨난 것이다. 이로서 그의 1년 8개월 간의 교사 생활도 끝이 났다. 이 이야기는 그녀의 데뷔 작인 자전소설 '나의 어머니'에 나온다.

소설 이야기를 하자면, 1928년에 단편인 '나의 어머니'가 조선일보 신춘문예에 당선됨으로 최초의 신춘문예 여성 당선자가 되었다.

1933년에 발표한 '꺼래이'는 문단의 주목을 받았다. 그러나 그녀는 한국 최초로 신문의 신춘문예 여성 당선작가라는 영광도 빛이 바래지고 문단만이 아니라 대중의 기억에서도 잊혀져 갔다. 문단이 주목하였넌 작품을 발표한 뛰어난 작가이지만, 그녀는 왜 잊혀진 작가로 오랜 세월을 흘러보내야 했을까. 문학에만 전념하지 못한 그녀의 적극적인 성격도 한 몫을 하였으리라고 생각된다. 그는 사회운동에 깊숙이 관여했다. 그의 행적을 쫓다보면 작가라기보다는 사회운동가의 모습이 더 강하게 느껴지는 탓이라고 본다. 그때의 사회가 기피했고, 심지어는 탄압까지 한 사회주의 운동을, 그것도 여자의 몸으로 하였으니, 문단에서도 기피 인물이 되어서 한국

문학사에서 제대로 조명을 받지 못한 것이 아닐까.

그리고 1939년에 췌장암으로 작가로 꽃도 피기 전에 일찍 세상을 떠난 것도 한 몫을 하였으리라.

2007년이 되어서야 한국작가회 영천지회가 백신애의 작품을 모으고, 그의 문학세계를 새롭게 밝히면서 '백신애 문학제'를 개최하였다. 또 백신애 문학상도 제정하여 2007년부터 매년 시상하고 있다.

백신애를 조명하면서 절대로 놓쳐서는 안 되는 것이 바로 그의 사회활동이다. 많은 독서량으로 시대가 어떻게 흘러가는지에 대하여 잘 알고 있었다. 더욱이 부잣집 딸이었지만 그때 식민시대를 사는 한국 여성이 무지하였고, 궁핍한 삶을 살고 있음도 잘 알았다. 조선의 농민이 가난으로 고향을 떠나 시베리아로, 만주로 떠돌이 삶을 산다는 것도 잘 알고 있었다. 이들의 삶은 그의 문학에 나타나 있다.

학교를 그만 두고 잠시 서울에 머물기도 하였다. 그러나 1927년에(우리 나이로 20세였고, 만 나이로는 19세였다.) 홀로 시베리아로 떠났다.

우리가 백신애를 이야기하면서 문학에서 그를 놓치는 이유가 바로 그녀가 사회주의자로서 펼친 사회운동이 너무 강렬하기 때문이 아닐까. 그 시대에 아직 어린 처녀의 몸으로 홀로 시베리아로 떠나갔다는 것은, 지금도 신기하게 느껴질 정도이다. 그녀가 남긴 '나의 시베리아 여행기'를 보면, 아직은 10대를 벗어나지 않는 나이에 사회주의 혁명을 이룬 러시아로 혼자서 갔다. 나이를 생각하면, 사회주의 사상이 그에게서 무르익었다기보다는 소녀의 낭만적 사고가 그녀를 사회주의자로 만들었고, 소련으로 이끌었다는 생각이다.

그의 행적에서 드러나는 또 하나의 재미있는 사실은 연극을 연출한 것이다. 일본으로 건너가서 영화배우 생활도 하였다. 영천군 영천면에서 '나의 어머니'를 연출하여 무대에 올렸다. 같이 참여한 청년들도 많았지만, 단발머리 소녀였던 백신애가 책임을 지고 연출을 맡았다. 그의 생애에서 별난 짓으로 여겨져서 말들이 많지만 배우 생활을 했다는 사실도 그 하나이다. 일본으로 건너가서 영화배우로 활동한 사실은 사진이 남아 있어서 사실이라고 본다. 그러나 이때의 일본생활이 안개에 가린 듯 흐릿하다. 그녀의 행적이 분명하게 드러나는 자료는 거의 없다. 이런 여러 가지 이야기들을 종합해보면 꿈 많은 소녀적 나이에 그녀는 하고 싶었던 일에는 적극적이었던 성격을 보여준다는 생각이다.

그의 결혼이나, 남자와 교제한 사실에 대해서도 잘못 전해진 것이 많다고 한다.

1932년에 약혼을 하였다고 전해지나, 결혼한 실제 년도는 1933년이었다. 결혼 5년 뒤에 이혼하였다는 것으로 보아서 결혼 생활이 순탄하지 않았음을 짐작할 수 있다.

자전적 소설 '나의 어머니'에서 백신애의 주장을 읽어보자.

"부모가 정한 남자에게 시집가는 것이 아니라 내가 사랑하는 장래의 내 남편이 되기를 어머니 모르게 허락한 남자와 결혼이다."

이 글이 작가의 5년 결혼 생활과 이혼을 설명해준다.

백신애가 1939년에 아직은 젊은 나이에 취장암으로 죽자. 그녀는 우리로부터 점점 잊혀져 갔다. 그리고 40년이나 흐른 후인 1980년 대에 와서야 백신애를 문학인으로 연구하기 시작했다. 연구를 시작할 즈음에는 백신애가 남긴 소설도 '나의 어머니' 한 편뿐이라고 여겼다니, 그가 문단에서 얼마나 푸대접을 받았는지 짐작이 간다. 그리고 지금은 백신애가 죽고 난 지 85년 쯤이나 흘렀다. 너무 많은 세월이 흐른 탓에 연구서에는 많은 오류들이 실려있다. 그 오류가 지금도 수정되지 못한 것들도 많다고 하였다.

지금의 학자들이 오류라고 지적하는 것 중에는 결혼과 관련된 사실들과, 백신애의 남녀 관계를 다룬 글이 많다, 특히 백신애를 주인공으로 하는 소설을 쓰면서, 소설에서 표현된 내용이 사실처럼 소개된 부분도 많다고 한다

영천시에서는 하근찬과 더불어 백신애를 지역의 작가로 발굴하여 영천을 대표하는 작가로 띄우고 있다. 영천 시립 도서관의 오른쪽에 백신애 문학비를 세웠다. 문학비에는 그의 대표작으로 다루고 있는 '꺼래이'에 나오는 한 문장이 새겨져 있다. 문학비는 칠곡의 동명에 있던 백신애의 묘를 파묘하면서 흙을 가져와서 함께 묻었다. 그 외의 백신애의 자료도 묻었다. 문학비에 이와 같은 역사성이 있는 기념물을 함께 묻었다니 훨씬 더 친근하게 느껴졌다.

백신애 문학관을 찾아가는 길에는, 문학관을 조금 못 미쳐서 길폭이 제법 넓은 골목이 나왔다. 골목의 시멘트 담장에는 골목안이

백신애의 생가터라는 소개와 함께, 사진과 소개하는 글이 벽면에 가득했다. 생가는 비록 없어져버렸더라도, 생가터로 들어가는 골목길이 이만큼이나 남아 있다는 것은 다행이다. 대구에서는 기대도 할 수 없는 일일 것이다.

우리 대구는 대구시를 관리하는 고위 인사분들도, 대구 시민들도 우리 도시와 우리를 스스로 문화도시라 하고, 문화시민이라고 한다. 그러나 지금 대구에는 변변한 문학관 하나 없다. 대구의 문인을 밝혀내려는 문화운동도 감지되지 않는다. 작가의 흔적들은 도시 개발이라는 삽질에 파헤쳐저서 사라진 곳이 대부분이다. 문화시민이 살고 있는 문화도시라고 선전하는 대구의 현주소이다.

나는 미술공부를 하면서 나혜석의 매니아가 되었다. 나혜석은 화가로서 꽤나 이름을 날리기도 했으나 내가 그의 매니아가 된 것은 그림으로 유명하기 때문이 아니다. 솔직히 말해서 나는 그의 그림을 말할 때 미술사에서 서양화가 도입되는 초기에 여성화가였다는 것이 그의 이름을 알게 해 주는 이유이다. 그러나 나는 그의 그림이 미술사에서 이름을 남길 만큼의 의미 있는 작품이라고는 생각하지 않았다. 우리가 그녀를 기억하는 이유는 그녀가 살아온 삶의 방식이 남달랐기 때문이었다. 나혜석은 신여성의 삶을 살면서 남, 녀 관계에 많은 이야기거리를 남기므로 사회의 관심을 끌었다. 매스컴에서는 남, 녀 관계를 다루는 것을 좋아한다. 대중이 좋아하기 때문이다. 남, 녀 관계만이 아니고 나혜석은 당시에 신문-잡지에 실리기에 좋을 풍부한 이야기거리를 만든 여성이었다. 그림 외적인 사실들이 나혜석을 유명하게 하였다는 생각이다. 그에 비하면 백신애는 문학적으로 이룬 것들이 훨씬 많은 작가이다.

백신애가 잊혀진 이유를 나혜석과 비교하여 살펴보자. 동경에서 유학생활을 한 것도 아닌 시골처녀였다. 그의 주변에는 그녀를 기억해서 기록으로 남겨 줄 만한 유명 인사들도 거의 없었다. 그는 나혜석만큼 조명을 받을 조건을 갖추지 못하였다.

백신애는 사회운동을 한 경력을 많이 남겼다. 그러나 동경 유학생 출신도 아니었고, 서울에서 활동하지도 않았다. 매스컴의 이목을 끌 만큼의 화려한 위치에 있지도 못하였다. 그가 그 시대에서는 독특한 삶을 산 것은 맞지만 시중 사람의 흥미를 유발하는 남녀지간의 이야기를 화려하게 남긴 것은 아니다. 사회주의 운동을 하였다는 등은 대중의 흥미를 끌만한 일은 아니다. 대중들이 좋아할 만한 개인사적인 이야기는 비교적 적은 편이다. 백신애를 집중적으로 연구한 영천의 이중기 시인은 그의 개인사에 잘못 알려진 부분이 많다고 했다. 이런 이유로 우리는 백신애를 잊고 있었던 것이 아닐까.

백신애의 삶은 신념에 찬 삶이었다. 연극, 영화, 사회운동 등등, 이것도 저것도 하고 싶었던 욕심꾸러기 젊은 여자로 살았다. 문학이라는 범주로만 생각해도, 신춘문예에 최초의 여성 당선자라는 사실은 문학사에서 작은 사건이 아니다.

나는 문학사든, 미술사든, 역사에 이름을 남기는 사람은 뛰어난 작품 때문이 아니라고 믿는다. 예술의 흐름에 어떤 계기가 되는 작품이나. 활동을 한 작가라고 생각한다. 그래서 그런 작가를 기억해 주어야 한다. 늦게나마 영천시에서, 영천시 문인들이 그녀의 업적을 챙기고 받든다는 것은 환영할 일이다. 그래서 나는 문학관 답사를 백신애 문학관으로 선택했던 것이다. 나의 백신애 문학관 답사는 의미 있는 일이라고 자부한다.

이동민 수필집

잡초는 뽑히지 않는다

인쇄 2025년 4월 08일
발행 2025년 4월 11일

지은이 이동민
발행인 서정환
펴낸곳 수필과비평사
주소 서울시 종로구 삼일대로 32길 36(익선동 30-6 운현신화타워) 305호
전화 (02) 3675-3885 (063) 275-4000
팩스 (063) 274-3131
이메일 essay321@hanmail.net
출판등록 제300-2013-133호
인쇄·제본 신아출판사

ISBN 979-11-5933-570-9 03810
값 15,000원

Printed in KOREA